中国老节日

聂鑫森 著

CnS 湖南美术出版社

全国百佳图书出版单位

·长沙·

图书在版编目（CIP）数据

中国老节日 / 聂鑫森著 . — 长沙：湖南美术出版
社，2018.9（2022.8 重印）
ISBN 978-7-5356-8170-6

Ⅰ . ①中… Ⅱ . ①聂… Ⅲ . ①节日—风俗习惯—中国
Ⅳ . ① K892.1

中国版本图书馆 CIP 数据核字（2017）第 233811 号

中国老节日
ZHONGGUO LAOJIERI

出 版 人：黄　啸
著　　者：聂鑫森
责任编辑：吴海恩
整体设计：格局视觉 Gervision
插图绘制：陈安民　田　可
责任校对：伍　兰
出版发行：湖南美术出版社
　　　　　（长沙市东二环一段 622 号）
印　　刷：永清县晔盛亚胶印有限公司
　　　　　（河北省廊坊市永清县工业园区榕花路 3 号）
版　　次：2018 年 9 月第 1 版
印　　次：2022 年 8 月第 3 次印刷
开　　本：710mm ×1000mm　1 /16
印　　张：7.5
书　　号：ISBN 978-7-5356-8170-6
定　　价：29.80 元

邮购联系：0731-84787105　邮编：410016
网址：http://www.arts-press.com
电子邮箱：market@arts-press.com
如有倒装、破损、少页等印装质量问题，请与印刷厂联系斛换。
联系电话：0316-6658662

请走进中国的老节日。

中国的老节日不仅仅是春节、元宵节、清明节、端午节、中秋节、重阳节……还有许多老节日，如填仓节、中和节、花朝节、晒书节、三伏节、观潮节、浴牛节、马神节……，也许你不曾闻说，也许你知而不详。

从农历正月初一的元日，到火树银花的除夕之夜，一个个老节日，如一个个星座嵌在中华民族历史文化的天穹，闪烁着异样的光彩。当你用手和心触摸它们时，你会感受到传承至今的农业文明强有力的脉动，你会领略到民俗形态的魅力，你会为一种精神潜质的永不衰竭而惊叹。

许多老节日，还在顽强地"活"着，与中华民族携手而行，而且，在现代社会光环的映照下，生发出新的活力。

在老节日的传承中，我们又有了许多新节日。在时间无休无止的推进中，新节日又会变成老节日。老节日有的存留下来，有的渐渐淡出；而新节日又一个一个地萌生，扩充着文化的积累。这是永远也不会打上句号的美丽的过程。

请翻开本书，一个个老节日已伸开双臂迎迓你的到来！

目录

春

THE SPRING FESTIVAL

节

▶ ▶ ▶ 农历的正月初一，即大年初一，亦称"元日"。所谓"三元"，元者，首也，开始之意。

岁除　爆竹声中一

在原始先民社会，人们就懂得燃竹爆发响声，用来驱除疫鬼。

《荆楚岁时记》载："正月一日是三元之日也。《春秋》谓之端月。鸡鸣而起，先于庭前爆竹，以辟山臊恶鬼。"

这段文字可译为：正月初一是一年、四季、十二个月起始的一天。《春秋》将正月称为端月。这一天，当雄鸡高鸣的时候，人们便开始了迎接新年的礼仪活动，先在堂阶前点燃爆竹，用来辟除山臊恶鬼。

农历的正月初一，即大年初一，亦称"元日"。所谓"三元"，元者，首也，开始之意；这一天是岁之元、时之元、月之元。《初学记》引《汉书》曰："正月朔岁首立春，四时之始。""历者序四时之端，正分至之节，故圣人考历数以正三元。"而"端月"，指的是正月，端者，首也，也是开始之意。

送旧迎新，必放爆竹以示喜庆。宋人王安石的《元日》诗云："爆竹声中一岁除，春风送暖入屠苏。千门万户曈曈日，总把新桃换旧符。"

之所以称之为爆竹，"俗人以为爆竹起于庭燎"（《荆楚岁时记》按语）。庭燎者，即庭中照明的火炬。《周礼·秋官·司烜氏》说："凡邦之大事，共坟烛庭燎。"郑玄注："坟，大也。树于门外曰大烛，于门内曰庭燎，皆所以照众为明。"其实，"爆竹"的原意，即先民烧竹筒子，爆发出清脆的响声。据一些专家分析，在原始先民社会，人们就懂得燃竹爆发响声，用来

驱除疫鬼。所谓"山臊恶鬼",又称为"山鬼""独脚鬼"。

关于正月初一放爆竹辞旧迎新的习俗,至今在一些地方(特别是乡下)还保留着。我的出生地——湖南的古城湘潭,千家万户在看完中央电视台的"春节联欢晚会"后,正是子夜时分,满城便响起持续不断的爆竹声,以示辞去了旧岁,迎来了新的一年。到正月初一,全家人起床洗漱完毕,打开大门的第一件事,就是燃放爆竹,叫"开门纳吉"。

爆竹在唐代时称为"爆竿",因火药发明了,宋以后才有卷纸裹火药的鞭炮,也叫做"爆仗""炮仗"。

与卷纸裹火药的鞭炮差不多时间发明的烟花(又称焰火),也成为喜庆节日的美丽点缀。"火树银花触目红,揭天鼓吹闹春风。"(宋·朱淑真《元夜》)

最早的烟花有两类:一类是先用金属丝编排成人物花鸟、亭台楼阁等各式图案,悬挂在高高的架子上,再往金属丝上涂以燃烧时能呈现不同颜色的药剂,因金属丝涂药剂后称"药线",所以这类烟花就叫"药线烟花"或"药线烟火"。另一类叫做"筒子烟花",即把烟火药剂装入纸筒内,点燃后往外喷射五彩火焰。

爆竹和烟火,在中国人每一个欢乐的节日里,发出如雷的轰响,倾泻绮丽的光彩,表达着我们心中的喜悦。

拜年

到了正月初一，"年"便走了，于是大家开门互贺，表示平安吉祥。

在民间传说中，"年"是一个凶恶的妖怪，每至岁末，必出来伤人。于是，家家户户贴桃符、对联，放鞭炮，围炉守岁，到了正月初一，"年"便走了，于是大家开门互贺，表示平安吉祥。

另外，互相拜年，是表示送去了旧岁，迎来了新春，祝贺在新的一年里，大家诸事吉顺。

"年"字的古写，上半从"禾"，下半很像一个"千"字，"禾"是庄稼，"千"是"人"字的变形，"禾"与"人"重叠像人负禾的样子，表示一年一度的丰收。所以，拜年原有祝贺去岁的丰足，预示今年的好收成之意。

拜年，是从农历正月初一开始的。宋人孟元老在《东京梦华录》中说："正月一日年节，开封府放关扑三日，士庶自早互相庆贺。"清人顾禄在《清嘉录》中描写了苏州人拜年的情景："男女以次拜家长毕，主者率卑幼，出谒邻族戚友，或止遣子弟代贺，谓之'拜年'。至有终岁不相接者，此时亦互相往拜于门。门首设籍，书姓氏，号为'门簿'。鲜衣炫路，飞轿生风，静巷幽坊，动成哄市。薄暮至人家者，谓之'拜夜节'；初十日外，谓之'拜灯节'；

故俗有'有心拜节，寒食未迟'之谑。琳宫梵宇，亦交相贺岁；或粘红纸袋于门以接帖，署曰'接福'，或曰'代僮'。"

拜年，一般来说应亲自登门，但在古代因要去的人家太多，人们分身乏术，某些不必亲到的地方，便遣仆人带着名帖去拜年，称之为"飞帖"，"是月也，片子飞，空车走。"明人陆容在《菽园杂记》里描写了当时北京人拜年的这种"虚礼"："京师元日后，上自朝官，下至市人，往来交错道路者连日，谓之拜年。然士庶人各拜其亲友，多出实心，朝官往来，则多泛爱不专。如东西长安街，朝官居住最多。至此者不问识与不识，望门投刺，有不下马或不过其门，令人送名帖者；遇黠仆应门，则皆却而不受；亦有闭门不纳者。在京仕者，有每旦朝退，即结伴而往，至入更酣醉而还，三四日后始暇，拜其父母，不知是何风俗，亦不知始于何年，闻天顺间尚未如此之滥也。"这种官员之间的拜年，则纯粹是为了应酬，忙到三四日后才有空闲向父母拜年，已有违礼教了。

但在清代，也有提倡团拜并执行的，"京师于岁首例行团拜，以联年谊，以敦乡情，诚善举也。每岁由值年书红订客，饮食宴会，作竟日欢"（清·艺兰生《侧帽余谭》）。

在湖南，民间拜年也有约定俗成的规矩，民谚云："初一崽，初二郎，初三初四拜四方。"就是说，正月初一，向父母拜年；初二到岳家拜年；初三初四拜谒亲朋好友。还有民谚称："拜年拜到初七八，洗了坛子抹了塔。"即拜年只拜到正月初七或初八，各家即清洗盛情招待客人酒水、点心的坛坛罐罐。

到了今天，许多家庭有了手机、电脑，拜年更便捷了，或打电话，或发邮件或微信，既节约时间，又礼貌周全。

古代的名片与贺年片

节序交贺之礼，不能亲至者，每以束刺念名于上，使一仆遍投之，俗以为常。

今天，人们在各种各样的社交场合，十分普遍地使用着名片，上面印着姓名、职务、工作单位、通信处、邮编、电话号码等内容。讲究的上面还印有持名片者的头像，以及他所喜欢的简单格言。

名片在我国使用得很早，大概秦汉时就已经出现了，当时称为"谒"。《史记·郦生陆贾列传》中记载沛公刘邦引兵过陈留，郦食其"踵军门上谒"。这个"谒"，就是当时的名片，以竹木削制而成，上书自己的姓名。

西汉称名片为"谒"，到东汉时则称为"刺"："建安初，（祢衡）来游许下，始达颖川，乃阴怀一刺，既而无所之适，至于刺字漫灭。"（《后汉书·文苑列传》）

到造纸术发明后，名片自然再不必用竹木削制了，改用纸制，于是称为"名""名纸""名帖"，但同时袭用"刺""名刺"等称谓。上面所书的内容，或写自己的乡里、姓名，或再加写上自己的官爵，故又名曰"爵里刺"。东汉刘熙在《释名·释书契》中注明了其书写格式："长书中央一行而下之也。"

宋代名片的体式内容，在南宋张世南的《游宦纪闻》中有过描述："或书官职，或书郡里，或称姓名，或只称名，既手书之，又称主人字，且有同舍、尊兄之目。"

唐宋时，还时兴一种称为"名状"的名片。"名状"的前身是公状，原本为下属拜见上司时所用，状纸呈上后，必由上司于状纸后批字，才可以引见。在唐武宗时，宰相是李德裕，他权势赫赫，一些趋炎附势之徒上门求见时，便将公状施用于李德裕的私人宅第，称为门状。此后，私人之间的拜谒，开始使用这种门状式的名片。

到了明清两朝，又出现了所谓"手本"式的名片。手本一般以绵纸六页折叠而成，外加底壳。下属拜见上司，手本的底壳为青色；门生初谒座师，手本的底壳以红绫制之。

贺年片在我国的使用，时间也很悠远，它是由名片（名帖）变化而来的。名片是人们在登门拜谒求见时，用来通报姓名及简单情况的，但到了年节时，自己不登门而让仆从到亲朋好友家投递名片表示祝贺。"节序交贺之礼，不能亲至者，每以束刺金名于上，使一仆遍投之，俗以为常。"（宋·周密《癸辛杂识》）以后，这种以贺年为意旨的名片，就被称为贺年片了。明代书画家文徵明在《拜年》一诗中写道："不求见面惟通谒，名纸朝来满敝庐。我亦随人投数纸，世情嫌简不嫌虚。"到了今天，贺年片成了一种艺术品，形状各异，图案精美，投寄者不但写上自己和对方的姓名，往往还写上一些吉庆的语言。

在清代人的笔记中，有一个关于贺年片的故事，极为有趣。某官为炫耀自己的地位权势，令仆人持三尺（约100厘米）长、一尺（约33厘米）宽的贺年片，上门投送给某名士。名士见了，大笑，且取一张大芦席来，上糊红纸，写上字，让自己的仆人去回赠，以为讽刺。

岁朝清供祈吉祥

在案头摆上古瓶古尊古盆，在里面插上时令花草，再配以应节的吉祥物件，以表达迎春贺春、祈福迓祥的美好心情。这种设置，称为岁朝清供。

新岁开端，谁不希望有个吉祥和瑞的气氛呢？在古代，无论宫廷、民间，都往往在陈设器物上力图表达这种心思。而文人墨客，更有其精巧构想，在案头摆上古瓶古尊古盆，在里面插上时令花草，再配以应节的吉祥物件，以表达迎春贺春、祈福迓祥的美好心情。这种设置，称为岁朝清供，其实，就是一种以插花艺术为主体的环境艺术。

插花艺术在我国起源于南北朝时期，盛行于唐宋，普及于明清。《南史》中说："有献莲花供佛者，众僧以铜罂盛水，渍其茎，欲华不萎。"插花艺术先萌生于佛寺，而后才流传到宫廷和民间，渐渐形成风气。而文人墨客对此更是津津乐道，讲究情趣，营造意境，并撰写了许多专著，如明代袁宏道的《瓶史》、张谦德的《瓶花谱》，等等。

雅室清供，因不同的时令而异。岁朝清供自然供奉的是冬末春初的花草，配以最能表现此一节令及主人心绪、志趣的物件，陈设于案头，营造送旧迎新的氛围。

著名作家、翻译家、盆景专家周瘦鹃，每逢春节，必精心设计岁朝清供之物。《岁朝清供》一文记述了他在抗日战争时避居皖南一个山村里，逢春节，"找到了一只长方形的紫砂浅盆，向邻家借了一株绿萼梅，再向山中掘

得稚松小竹各一，合栽一盆，结成了'岁寒三友'"。1955年春节，周瘦鹃的岁朝清供更是瑰丽多姿："以梅、兰、竹、菊四小盆，合为一组，供在爱莲堂中央的方桌上，与松柏等盆景分庭抗礼。梅一株，种在一只梅花形的紫砂盆中，含蕊未放，花虽稀而枝亦疏，干虽小而中已枯，朋友们见了，都说它是少年老成。兰一丛，着花五六朵，已半开，风来时幽香微度。竹是早就种好了的。……菊是小型的黄色文菊，插在一只明代瓯瓷的长方形浅盆中，灌以清水，伴以蒲石……此外有天竹、腊梅各三四枝，用水养在一只长方形的大石盆中，庋以红木高几，落地安放。腊梅之下，放着一块横峰大层岩石，更有紫竹一小株，从石后斜出，倒影水中……在这大石盆前，着地放着一个腊梅盆景，老干虬枝，足有六七十年的树龄，今年着花不多，已在陆续开放，色香都妙。"周瘦鹃还在《献花迎新》一文中介绍了他1962年春节所做的岁朝清供，由"一个年过花甲的蜡梅盆景"，再挖了地植的双干老蜡梅"旁生的一小株种在一个椭圆形的白陶盆里，再加上一株小松，一丛细竹，等不及春梅开放，就先让它们结成岁寒三友，而作为迎新清供"。

这些岁朝清供，不但给人以美丽、祥和、欢乐的感受，同时还体现了制作者高雅的审美情趣和深厚的文化素养。

记得数年前的一个春节前夕，我谒访过一位八旬高龄的将军，当时他在书房的案头陈设出一组岁朝清供：古瓷瓶里插着一正一斜两枝蜡梅；旁边有一盆生苔的山石，山石边长着一丛水仙，上缀金心白瓣的花朵；在瓶和盆之间，随意摆放几只通红的柿子和一挂金黄的佛手。整个构图疏密有致、色彩协调。我看了后，不禁连声叫好。

如今，我们生活的质量正在逐步提高，不妨以岁朝清供来装点古老的春节，让每个家庭都充满祥瑞之气。

接财神

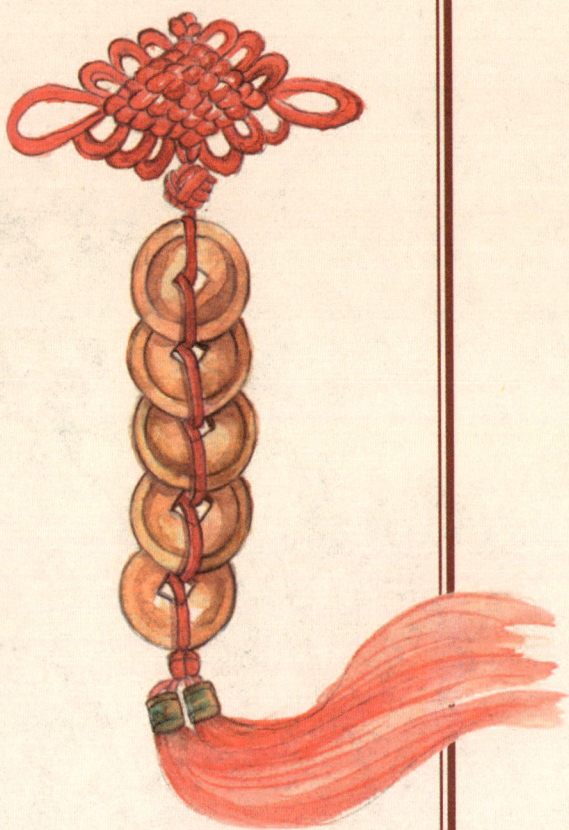

Chinese Old Festival

WELCOME
THE GOD
OF WEALTH

▶▶▶ 纵有几文钱，你也求，他也求，给谁是好；不做半点事，朝来拜，夕来拜，让我为难。

正月初二
财神来

「尽散其财，
以分与知友
乡党。」

　　在中国人的心目中，财神是最熟悉不过的神了。向往美满幸福的生活，是人们的共同愿望，于是崇奉财神，力图摆脱贫困，便成为一项重要的民俗活动。但愿望终归是愿望，幸福需要通过辛勤的劳动去获得，财神是帮不了忙的。在安徽省怀远县，有一座财神庙，庙联是这样写的："纵有几文钱，你也求，他也求，给谁是好；不做半点事，朝来拜，夕来拜，让我为难。"以财神的口吻，说出一番朴素的道理，发人深省。崇奉财神的习俗，以农历正月初二的祭财神最为隆重。"即把除夕接来的财神像纸马，集体祭祀一番，然后焚化。祭品多用活鲤鱼和羊肉，取'鱼''羊'之合，乃为'鲜'意，以表示新财神降临，今年发新财。午饭要吃馄饨，俗称'元宝汤'。特别是这一天北京广安门外财神庙开庙，届时人山人海，趋者蚁集，香火綦盛。庙中有许多纸制元宝，买几个元宝带回，说是向财神爷'借'到了元宝，今年准会大发利市。"（马书田《中国民间诸神》）

　　财神在民间并非专指一人，而是一个总称。

　　第一类为文财神，有比干和范蠡。神像为文官打扮，头戴宰相乌纱帽，

纵有几文钱，你也求，

他也求，给谁是好；

不做半点事，朝来拜，

夕来拜，让我为难。

身着蟒袍，脸上留有五束长须，手捧如意，足蹬元宝。比干是殷纣王的叔父，心地善良，耿直无私，因进忠言被纣王杀害。范蠡是越王勾践的大臣，在恢复越国后，急流勇退，逃出是非之地，传说他浮海到了齐国，经营农业和商业发了大财，"居无几何，致产数十万"；而且他有财不吝，"尽散其财，以分与知友乡党"（《史记》）。

第二类是武财神，有赵公明和关羽。赵公明姓赵名朗字公明，是一个虚拟的人物，在《封神演义》中被封为"金龙如意正一龙虎玄坛真君之神"，手下有招宝、纳珍、招财、利市四神，专司"迎祥纳福，追逃捕亡"（《封神演义》）。赵公明的神像，黑面浓须，顶盔披甲，着战袍，手执铁鞭，周围常放置聚宝盆、大元宝、宝珠、珊瑚之类。

赵公明手下的四神中，利市（又称利市仙官）尤值一提。他是传说中的一位小财神，据《封神演义》载，是赵公明的徒弟，叫姚少司，被姜子牙封为迎祥纳福的利市仙官。所谓利市，在俗语中是走运、吉利之意，典出《周易·说卦》："（巽）为近利市三倍。""利市三倍"一语，至今仍在流行。

关羽是一位忠义之士，影响十分广泛，他被奉为财神，并特别受到商贾的崇仰，体现了人们希望用传统道德秩序来规范商业行为的一种期待心理，推崇"诚信"经商的风气。

HUMAN DATE

CHINESE
OLD
FESTIVAL

▶ ▶ ▶ 　岁正月一日占鸡，二日占狗，三日占猪，四日占羊，

五日占牛，六日占马，七日占人。

青韶既肇人为日

古人认为人诞生在群畜之后，故要十分珍惜。

春节在我国是一个极为温馨、极为隆重的传统节日，从大年三十吃团年饭，到农历正月十五的元宵节赏灯，人们欢乐的情绪久久难以平复。而农历正月初七这一天，在古代又尤为重视，因为是"人日"，又称"七元"。

人日，在我国时兴至少有两千年的历史，汉朝《占书》上说："岁正月一日占鸡，二日占狗，三日占猪，四日占羊，五日占牛，六日占马，七日占人。"所以，是日称为人日。按道家的解释，"天地先生鸡，次狗，次猪，次羊，次牛，次马，始生人"。民间俗传，正月初一晴，鸡则繁育，阴雨则鸡事不兴，以此类推，皆同此说。如果初七天气晴朗，则预示人丁兴旺。

南朝梁宗懔在《荆楚岁时记》中记载，两汉魏晋时，江南人家在人日这天，"以七种菜为羹，剪彩为人，或镂金箔为人，以贴屏风，亦戴之头鬓。又造华胜以相遗"。这是说把七种菜，如芹菜、荠菜、菠菜、青葱、大蒜等合煮成羹，在人日这天吃可祛病辟邪，保家小平安；用五彩绢绸或金箔剪刻成人形，贴在屏风上或插戴在鬓发上，并且到处张灯结彩以示庆贺，为的是祈福乞吉。

在皇宫内廷，亦不免此俗。唐人李峤在《奉和人日清晖阁宴群臣遇雪应制》诗中写道："行庆传芳蚁，升高缀彩人。"刘宪也应诏参与皇帝的人日庆祝活动，亦作诗描绘了当时的情景："开冰池内鱼新跃，剪彩花间燕始飞。"

杜甫在《人日》中写道："尊前柏叶休随酒，胜里金花巧耐寒。"

在民间，亦如此。"闺妇持刀坐，自怜裁剪新。叶催情缀色，花寄手成春。帖燕留妆户，黏鸡待馅人。擎来问夫婿，何处不如真。"（唐·徐延寿《人日剪彩》）"镂金作胜传荆俗，剪彩为人起晋风。"（唐·李商隐《人日即事》）

古人认为人诞生在群畜之后，故要十分珍惜："青韶既肇人为日，绮胜初成日作人。"（唐·韦元旦《奉和人日宴大明宫恩赐彩缕人胜应制》）"春度春归无限春，今朝方始觉成人。从今克己应犹及，颜与梅花俱自新。"（唐·卢仝《人日立春》）反映古人在此日的感受，即应该洗心革面，与时俱进。

在这一天，文人墨客往往相招聚饮庆贺："人日春风绽早梅，谢家兄弟看花来。吴姬对酒歌千曲，秦女留人酒百杯……"（唐·鲍防《人日陪宣州范中丞传正与范侍御传真宴东峰亭》）有些地方还举行打猎的体育活动："……黑头已为将，百战意未了。马上倒银瓶，得兔不暇燎……"（宋·苏轼《人日猎城南会者十人以身轻一鸟过枪急，万人呼为韵得鸟字》）

虫王节

INSECT
KING'S
FESTIVAL

▶ ▶ ▶ 卧虎保岩疆，狂寇不教匹马返；驱蝗成稔岁，将军合号百虫来。

虫王
正月十三祀

「八蜡以记四方。四方年不顺成，八蜡不通，以谨民财也。」

在古老的民俗节日中，农历正月十三，为虫王的诞日，除官府要隆重致祭外，民间还举行声势浩大的迎神赛会，以祈请虫王驱除各种害虫，确保五谷丰登，人畜平安。

这位虫王到底是谁呢？

过去，我国各地都有八蜡庙、虫王庙和刘猛将军庙，其实，它们所祭祀的是同一个神。

八蜡，原本是周代每年农事结束之后，在农历十二月举行的祭祀名称。"八蜡以记四方。四方年不顺成，八蜡不通，以谨民财也。顺成之方，其蜡乃通，以移民也。既蜡而收，民息已。故既蜡，君子不兴功。"（《礼记·郊特牲》）郑玄在注释时说，"蜡有八者"，除农耕文化的始祖神，具有灵性的动物（猫虎）以及道路、房屋、水沟之外，还有"昆虫"列为第八位。以后，民间将八蜡之神附会为驱除虫害、保护丰年的神。这种神，到底是谁呢？众说不一。

有的称这种神是一种专食蝗虫的水鸟，见《夷坚支志》。此说兴于南宋绍兴二十六年（公元1156年），说安徽、江苏一带即将秋收，却"蝗虫大起"，突然有成千上万的水鸟飞来啄食蝗虫，不过十日，"蝗无孑遗，岁以大熟"。朝廷闻之，封这种水鸟为"护国大将军"。

此外，所说的刘猛将军，则被附会成历史上几位有名的将军，如：宋钦宗时的刘仲偃，以资政殿学士的身份出使金营，金人将其留用，刘执意不从，自缢而死，其气节可嘉；抗金名将刘锜，"刘猛将军，即宋将刘锜，旧祀于宋"（《如皋县志》）；刘锜之弟刘锐，"殁而为神，驱蝗江淮间有功"（《识小录》）。此外，还有元末的猛将刘承忠等。

这几位姓刘的将军中，值得一提的是刘锜，他曾率部大胜金兵，使之闻风丧胆，后遭到奸臣排挤，被夺去军权而成为地方官。他在任上整顿田亩、兴修水利、消除虫害，深受人民爱戴。"生则敌忾效忠，死而捍灾御患，其世祀也固宜。"（清·阮葵生《茶余客话》）江苏无锡曾有刘猛将军庙，庙联为："卧虎保岩疆，狂寇不教匹马返；驱蝗成稔岁，将军合号百虫来。"而江苏武进的刘猛将军庙也有意思相近的一副对联："破拐子马者此刀，史书麻扎；降旁（傍）不肯以保稼，功比蓐收。"（注："旁不肯"又写作"傍不肯"，是一种能灭蝗虫的虫子，见沈括《梦溪笔谈》。）祭虫王以祈丰年，反映了当时农业科技水平比较低，对虫患无可奈何。在祭祀虫王时，清代的苏州可说是热闹非凡，"前后数日，各乡村民击牲献醴，抬像游街，以赛猛将之神，谓之'待猛将'"。有的则抬着猛将的神像，奔走如飞，"倾跌为乐"（清·顾禄《清嘉录》卷一《祭猛将》）。

按说刘猛将军本是驱蝗神，但在江南地区，他还兼有多种职责：保佑渔民捕鱼安全而有所收获；保佑蚕儿多吐丝；驱除进犯之敌，保境安民……

这位刘猛将军实在是太辛苦了！

元宵

LANTERN
FESTIVAL

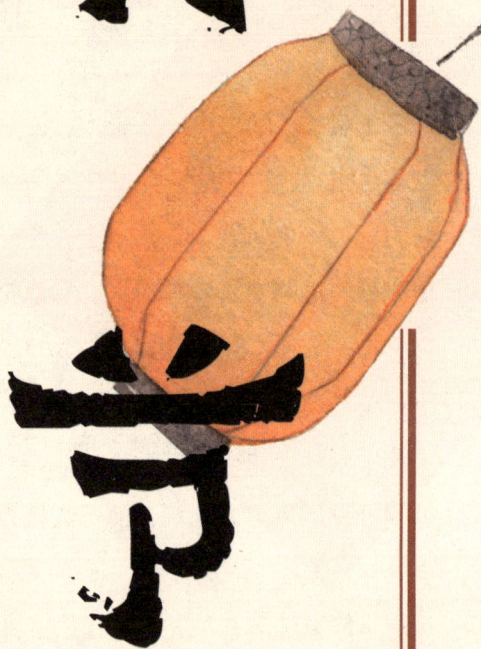

节

▶ ▶ ▶ 火树银花合，星桥铁锁开。暗尘随马去，明月逐人来。

灯节赏灯诗

「吴台今古繁华地，
偏爱元宵灯影戏。
春前腊后天好晴，
已向街头作灯市。
叠玉千丝似鬼工，
剪罗万眼人力穷。
两品争新最先出，
不待三五迎东风。」

　　元宵节俗称灯节，可见灯是这个节日的最大特色了。从正月十三"上灯"开始，市面上挂出了各式花灯，供人采买，蔚为灯市。到了十四日的"试灯"，各处纷纷搭起牌楼、鳌山、灯棚，或放烟火，或展灯彩，预庆元宵。到了十五日，则为"正灯"，也就是灯节的正日，不但各处有灯会以赛花灯，连小孩子们也高兴地提着灯笼游行玩耍。这种热闹的场面，一直要持续到十八日的"落灯"。

　　我国制灯的传统历史悠久，经过历代劳动人民的努力，制灯技艺日臻成熟，灯的品种极多极好，称得上是鬼斧神工。南宋周密在《武林旧事》卷二"灯品"中，提到了当时形形色色的花灯，如无骨灯、珠子灯、羊皮灯、罗帛灯……其中罗帛灯中的"万眼罗灯"，"此种最奇"。

　　宋人范成大在《灯市行》一诗中，写出了灯市上各种灯的美丽和奇巧："吴台今古繁华地，偏爱元宵灯影戏。春前腊后天好晴，已向街头作灯市。叠玉千丝似鬼工，剪罗万眼人力穷。两品争新最先出，不待三五迎东风。""叠玉千丝"是琉璃球灯，而"剪罗万眼"即万眼罗灯。明人唐顺之在《元夕咏冰灯》中，由衷地赞叹了称之为"素美人"的白纱灯："正怜火树斗春妍，忽见清辉映夜阑。出海蛟珠犹带水，满堂罗袖欲生寒。烛花不碍空中影，晕气疑从月里看。为语东风暂相借，来宵还得尽余欢。"而清人查慎行，他在《黔阳踏灯词》中，写出了湖南黔阳地区少数民族赏灯习俗："不用弯环竹架棚，长条宛转曳红绳。月光人影朦胧里，一色花篮廿四灯。"红绳上挂着花篮，每篮里装着二十四盏灯，弯弯曲曲一长串，衬着月光人影，实在是太美了。

元宵节观灯的场面，自然是非常热闹的，无论皇亲国戚、士农工商，普天同乐，这在古人诗赋中随处可见。"火树银花合，星桥铁锁开。暗尘随马去，明月逐人来"（唐·苏味道《正月十五夜》）；"游人多昼日，明月让灯光"（唐·王维《奉和圣制十五夜然灯继以酺宴应制》）；"十万人家火烛光，门门开处见红妆"（唐·张萧远《观灯》）；"灯火家家市，笙歌处处楼"（唐·白居易《正月十五日夜月》）；"城头月减一分圆，城里人家万炬然"（宋·苏辙《上元后一日观灯寄王四》）；"车马纷纷白昼同，万家灯火暖春风"（宋·王安石《上元戏呈贡父》）……诗人还特别把目光聚焦于女性，因为她们平日是难得出门的，而在元宵夜，她们可以自由地游玩和观灯："处处逢珠翠，家家听管弦"（唐·顾况《上元夜忆长安》）；"月色灯光满帝都，香车宝辇隘通衢"（唐·李商隐《正月十五夜闻京有灯恨不得观》）；"红妆满地烟光好，只恐笙歌引上升"（唐·薛能《影灯夜》）；"靓妆丽服何柔温，交观互视各吐吞"（宋·梅尧臣《和宋中道元夕》）；"士女倾都出，夹路轮蹄骄"（宋·张耒《上元家饮值文安君诞辰》）。

因元宵节正值初春时节，有时难免无星无月，雨飞雪舞，在诗人眼中则又别具一番风味了。宋人梅尧臣在《上元雪》中写道："春雪如蝴蝶，春灯如百花。漫漫飞不已，愁杀千万家。我今无复梦，拥被读南华。"

吃汤圆

「星灿乌云里，珠浮浊水中。」

　　正月十五的元宵节，到处"火树银花触目红"，到处流光溢彩看灯景，作为应时食品则是汤圆，家家户户火红汤沸，香气飘满大街小巷。

　　因该食品主要在元宵节这天吃，最早称为"元宵"，取团圆、圆满之意，又叫"元宵圆"。江南吴越之地，则名之为"汤团"。袁世凯篡夺革命成果当上了"大总统"，他包藏祸心，想登基当皇帝，因"元"与"袁"，"宵"与"消"同音，觉得不吉利，"在1913年的元宵节前，下令将'元宵圆'改称'汤圆'"（《中国民俗大观》）。汤圆作为食品，在我国历史悠久，宋代女诗人朱淑真在《圆子》诗中写道："轻圆绝胜鸡头肉，滑腻偏宜蟹眼汤。"这说明，宋代已流行在元宵节吃汤圆了。

　　汤圆的馅分甜的和咸的两种，甜的有豆沙、芝麻、枣泥、白果、花生、杏仁、山楂，等等；咸的有酸菜、肉丁、火腿丁、虾米、豆干，等等。做汤圆也有两种方法，其一像包饺子一样，把馅包在糯米粉调水揉捏的皮子里，名为"包汤圆"；其二是先做好坚硬的馅粒，一颗颗放在大箩筐中的干糯米粉上，然后摇晃箩筐，使馅粒在滚来滚去中蘸上糯米粉，再捞起蘸水，复下筐摇滚，

干糯米粉一层层增厚，汤圆也就"大"了起来，这叫"摇汤圆"。接下来就是煮汤圆，先烧沸汤水，再下汤圆，汤圆在水中时浮时沉，"星灿乌云里，珠浮浊水中"，当汤圆都浮于水面，说明煮熟了，也就可以享用了。

著名学者邓云乡在《春雨青灯漫录·无锡汤团》中，介绍了"宁波汤团"和"无锡汤团"。他说："朋友们常常说起，宁波的汤团最好吃。这话不假，的确如此。水磨粉是那样细腻，那样滑润，皮子又是那样薄，个儿却只只只有龙眼大；玫瑰猪油黑洋酥馅子，黑洋酥就是把黑芝麻碾碎，拌上白糖，再加玫瑰、猪油、桃仁等，浑然一体……"而作者更赞誉的是无锡汤团，卖主是一对老年夫妇，"我无意中坐下买了一碗。一碗四只，一只肉的，捏成桃子形；一只细沙的，捏成饼形；一只芝麻猪油白糖的，捏成滚圆的球形；一只芥菜的，捏成椭圆形……这四种馅子中自然都放了糖。芝麻细沙的不用说了，肉馅、芥菜馅也都有糖，而又是咸中有甜、甜中有咸，却具有一种说不出的妙味"，以至作者"永远忘不了这最好吃的汤团"。

有一首台湾歌曲《卖汤圆》，曾在春节联欢晚会上演唱，一时不胫而走。"卖汤圆，卖汤圆……"活泼的曲调，通俗的歌词，洋溢出一派喜悦之情，至今传唱不衰。

填仓节

FILL POSITIONS
INSECTION

CHINESE
OLD
FESTIVAL

► ► ► 正月二十五日，人家市牛羊豕肉，恣飨竟日，客至苦留，

必尽而去，名曰填仓。

正月最后的节日
——填仓节

正月二十五日，人家市牛羊豕肉，恣飨竟日，客至苦留，必尽而去，名曰填仓。

农历的正月传统的节日最多，到了二十五日，还有最后一个节日，名叫填仓节，又称为天仓节。在古代民间对填仓节十分重视，亲朋往来相邀，张设盛宴，必醉饱而归。有民谣云："点遍灯，烧遍香，家家粮食填满仓。"宋人孟元老在《东京梦华录》中写道："正月二十五日，人家市牛羊豕肉，恣飨竟日，客至苦留，必尽而去，名曰填仓。"马书田所著的《中国民间诸神》的《附录一：民间诸神诞辰及纪念日》一表中，称这一天为"仓廪神诞"，即仓神的生日。

"填仓"意为填满粮仓，这个节日是怎么来的呢？相传我国北方，曾连续大旱三年，赤地千里，颗粒无收，连饮水都很困难，不少人因饥渴而死，可是皇家照旧征收皇粮，凶狠至极。给皇家看守粮仓的仓官，看到老百姓备受煎熬，便生恻隐之心，毅然自作主张，打开皇仓，让饥民抢运一空。他虽救活了一方百姓，却深知犯了死罪，于是在正月二十五日这一天，把自己关在仓中，然后放火烧仓，殉仓而死。后人为了纪念这个无名仓官，每到此日，便做面汤蒸饭食之，以细灰散布门庭内外诸处，做成圆形，谓之打囤；分置五谷少许于囤中，覆以甑瓦等物，谓之填仓，以表示对仓官的怀念。传说中又说，这一天仓官虽死，却被上天封为管理天下仓廪的仓神，于是这一天也就成了仓神的诞日。

人们在这一天大吃大喝，也表示对仓神佑护的感激之情，充满着与神同乐的意味。

古籍中称贮米谷的建筑物为仓廪。"（季春之月）命有司发仓廪，赐贫穷，振乏绝。"（《礼记·月令》）注者释曰："谷藏曰仓，米藏曰廪。"说的是春荒时，古代的官方也会开仓放粮以济贫困。古人崇尚万物有灵，仓廪这样重要的地方，自然是有其保护神的，故才有了填仓节的传说。

中和

ZHONGHE
FESTIVAL

节

CHINESE
OLD
FESTIVAL

▶ ▶ ▶　　中和节的另一个含义，是春将过半，离春分不远，正

是春色和畅的好时节。

改节号为中和

古人认为人的修养能达到「中和」的境界，就会产生「天地位焉，万物育焉」的神秘效果。

改节号为中和

中和节是由唐德宗李适所钦定的一个节日。农历正月的最后一天本为晦日，为古代一个重要的节日，皇帝要大宴群臣，士民则去河边消除灾厄，妇女会去浆洗衣裙以去不祥。德宗将晦日过后的第二天——农历二月初一日改为中和节，故唐人吕渭有一首古风《皇帝移晦日为中和节》："皇心不向晦，改节号中和。淑气同风景，嘉名别咏歌。湔裙移旧俗，赐尺下新科。……天地齐休庆，欢声欲荡波。"诗人吕温在《二月一日是贞元旧节有感绝句寄黔南窦三洛阳卢七》中写道："同事先皇立玉墀，中和旧节又支离。今朝各自看花处，万里遥知掩泪时。"

德宗为什么要"移晦日为中和节"呢？

先说"中和"，《礼记·中庸》说："喜怒哀乐之未发谓之中，发而皆中节谓之和。"古人认为人的修养能达到"中和"的境界，就会产生"天地位焉，万物育焉"的神秘效果。德宗之创立中和节，其意自明。他在《中和节日宴百僚赐诗》中说："韶年启仲序，初吉谐良辰。肇兹中和节，式庆天地春。欢酺朝野同，生德区宇均……"《中和节赐群臣宴赋七韵》中说："东风变梅柳，万汇生春光。中和纪月令，方与天地长。……君臣永终始，交泰符阴阳……"

　　同时，在中和节这一天，皇帝还赐给臣子玉制的"公卿尺"，目的是告诫他们常用道德的尺度衡量自己的行为，在行使政令时要合乎法度。唐代文人在同题诗《中和节诏赐公卿尺》中纷纷吟咏。陆复礼写道："皇恩贞百度，宝尺赐群公。欲使方隅法，还令规矩同。"李观说："具寮颁玉尺，成器幸良工。岂止寻常用，将传度量同。人何不取利，物亦赖其功。"裴度则唱道："阳和行庆赐，尺度及群公。……作程施有政，垂范播无穷。愿续南山寿，千春奉圣躬。"

　　中和节的另一个含义，是春将过半，离春分不远，正是春色和畅的好时节。"物情舒在阳，时令弘至仁"（唐·权德舆《奉和圣制中和节赐百官宴集因示所怀》）；"载阳临仲序，初吉协嘉名。国授民时正，天资植物荣"（宋·刘筠《奉和御制中和节》）。

朔·望·晦

古代常把朔、望、晦这三个日子，也视为比较重要的节日。

朔者，即农历每月的第一天，月亮运行到地球与太阳之间，地面上看不到月光，这种现象称作"朔"。《书·舜典》："正月上日，受终于文祖。"孔传："上日，朔日也。"孔颖达疏："月之始日，谓之朔日。"在《庄子·逍遥游》中，也有这样的话："朝菌不知晦朔。"

望者，即农历每月十五日（有时是十六日或十七日），太阳西下时，月亮正好从东边升起，地球上看见圆形的月亮，这种月相叫"望"。

每逢朔望，古代的封建王朝都要举行朝谒之礼。《金瓶梅》第三十五回："西门庆道：'日日去两次，每日坐厅问事。到朔望日子，还要拜牌，画公座，大发放，地方保甲番役打卯。……'"所谓"拜牌"，即拜龙牌，表示对皇帝的崇敬和尽忠。《清会典·礼部》："凡各省官，三大节则拜龙牌而庆贺。"

在朔日这一天，帝王及贵族所备的食物比平日丰盛，称为"朔食"。《礼记·内则》说："男女夙兴，沐浴衣服，具视朔食。"《新唐书·彭景直传》也说："天子始祖、高祖、曾祖、祖考之庙，皆朔加荐，以象生时朔食，号月祭。"

望日，原本节日就多，如农历正月十五的元宵节、七月十五的中元节、八月十五的中秋节，再加上朝谒之礼，更是分外隆重。

古代的文人墨客，每逢朔、望日，总是要饮酒吟诗，感叹时序的更换以及光阴的流转。唐白居易在《二月一日作赠韦七庶子》一诗中说："园杏红萼坼，庭兰紫芽出。不觉春已深，今朝二月一……"宋张耒在《四月一日同潘何小酌》吟道："今晨一杯酒，相属送归春。明年东风至，何处复迎新……"唐皮日休在望日还很虔诚地进行斋戒，行道家之仪，他写有《奉和鲁望四月十五日道室书事》，云："望朝斋戒是寻常，静启金根第几章。竹叶饮为甘露色，莲花鲊作肉芝香。松膏背日凝云磴，丹粉经年染石床。剩欲与君终此志，顽仙唯恐鬓成霜。"一派道骨仙风，俨然世外之人。

晦日，即农历每月的最后一天。《荆楚岁时记》载："元日至于月晦，并为酺聚饮食。士女泛舟，或临水宴乐。按：每月皆有弦望晦朔，以正月初年，时俗重以为节也。……今世人唯晦日临河解除（指消除灾难），妇人或湔裙。"这段文字告诉我们，古代尤其重视正月的弦日（初七初八为上弦日，二十二和二十三为下弦日）、望日、晦日、朔日，称之是重要的节日。特别在晦日，人们往往到河边去消灾除厄，而妇女还要去浆洗衣裙，以除不祥。

正月的晦日，官方和民间都十分看重，皇帝要宴召群臣，文人则聚以尽诗酒之乐。唐人张说在《晦日诏宴永穆公主亭子赋得流字》中写道："……舞席千花妓，歌船五彩楼。群欢与王泽，岁岁满皇州。"宋之问则在《桂州陪王都督晦日宴逍遥楼》高唱："……兀然心似醉，不觉有吾身。"

刀竿节

KNIFE-POLE FESTIVAL

CHINESE
OLD
FESTIVAL

▶ ▶ ▶ 刀梯者，与梯形相似，两竿之间的横档便是刀刃向上
的钢刀，共 36 把。

爬刀竿的多为中年人，受过长期的训练。他们身着红布衣裳，缠红布包头，赤着双脚。

农历二月初八，是云南傈僳族人民的传统刀竿节。

在傈僳族所居住的怒江傈僳族自治州的福贡、泸水一带，这一天妇女们有的穿着以黑色为主，镶有红、黄、蓝等色花边的上衣，有的穿着色彩艳丽，上缀各种银饰的花裙，而且都佩戴着耳环、项链等首饰。男子则穿麻布短衫裤，腰系红色或黄色的腰带，小腿上有吊筒、膝箍，腰佩长刀，肩挎箭包。

节日会场的中央，竖起两三根20来米长的粗大木杆，上面依次插着30多把雪亮的长刀作为攀登的横档，刀刃一律向上，故名之"刀竿"。

爬刀竿的多为中年人，受过长期的训练。他们身着红布衣裳，缠红布包头，赤着双脚。爬刀竿之前，他们涌到竿下，绕竿唱歌跳舞，然后纵身跳上刀竿，双手握住刀口，双脚踏着刀刃，一级一级向上；爬到竿顶，从腰间掏出一串鞭炮，点火燃响。于是周围爆发出山呼海啸般的欢呼声，人们纷纷向下竿后的英雄敬献美酒。

刀竿节的来由：相传明代时，外族入侵云南边境，朝廷派遣兵部尚书王骥领兵前往。王骥到达滇西北后，依靠当地的傈僳族人民共同抗敌，连连奏捷。王骥奉旨回京路上，于农历二月八日被奸臣害死。为了纪念这位反侵略的杰出人物及战斗中牺牲的将士，傈僳族人民定此日为刀竿节，用上刀竿的节目

来昭示保卫祖国的钢铁意志。

　　而在过去的湘西，"上刀梯，为苗乡中惯行之一种最大盛会。举行此会，多在正月元宵节前，择寅戌二日为之"（石启贵《湘西苗族实地调查报告》）。刀梯者，与梯形相似，两竿之间的横档便是刀刃向上的钢刀，共36把。上刀梯的人，从梯正面上去，再从梯背面下来；在梯上还要表演许多高难度动作，如：倒挂金钩、大鹏展翅、观音坐莲、古树盘根……上刀梯，至今仍很盛行，并成为旅游者观赏的一个新奇节目。我曾多次走访湘西，对于上刀梯的绝技赞叹不已。

花朝

*FLOWER
FESTIVAL*

节

CHINESE
OLD
FESTIVAL

▶ ▶ ▶ 旧俗以夏历二月十五日为"百花生日",故称此日为"花朝节"。

百花的生日

平波如镜漾晴烟，
正是山塘薄暮天。
竟把花篮簪茉莉，
隔船抛与卖花钱。

古人对大自然的青睐和关爱，常表现于把每一个生命摆在与自己相等的位置，比如万紫千红的花草，给它们一个日子作为生日，这一天即是花朝节，而且还要热热闹闹地为它们举行庆典活动。

"旧俗以夏历二月十五日为'百花生日'，故称此日为'花朝节'。……一说为十二日，又说为初二日。"（《辞海》）但这三个日子，都在农历的二月，正是春意酣浓、花事繁盛之时，为百花做生日，恰逢其时。

古代的苏州，种花业十分兴旺，尤以茉莉花为盛，"为了感谢茉莉花神，人们在虎丘山旁造了一座'花神'庙，每年农历二月十二日花神生日，在所有的茉莉花树上都插上红纸小旗，以示纪念，祈求花神保佑今年收成好"（《中国民俗大观》）。因此地种花业发达，便形成繁荣的花市，清代苏州女诗人席蕙文的《虎丘竹枝词》写道："平波如镜漾晴烟，正是山塘薄暮天。竟把花篮簪茉莉，隔船抛与卖花钱。"

著名文学家、园艺家周瘦鹃也在《百花生日》一文中，描写了苏州人在花朝节为百花祝寿的情景："苏州风俗，一向以农历二月十二日为花朝。女郎们剪了五色彩绘粘花枝上，称为赏红。现在可简化了，不用彩绘而用红纸，又做了三角形的小红旗插在花盆里，为花祝寿。从前虎丘花神庙中，还要击牲献乐，以祝花诞。清代蔡云吴歗诗云：百花生日是良辰，未到花朝一半春；红紫万千披锦绣，尚劳点缀贺花神。"

花朝节在花枝上贴彩绘，在花盆里插小红旗，除表示是献给百花的礼物外，还体现了古代人的一种因袭的心理，即可以以此来抑制风雨的来临，祈求晴和的天气。在话本小说《灌园叟晚逢仙女》中，写众花神因得罪了封十八姨（管理风的神），害怕她报复，"被恶风所挠"，"但求处士每岁元旦，作一朱幡，上图日月五星之文，立于苑东。吾辈则安然无恙矣。今岁已过，请于此月二十一日平旦，微有东风，即立之，可免本日之难"。清代画家、词人改七芗在《菩萨蛮》中写花朝节："晓寒如水莺如织，苔香软印沙棠屐。幡影小红阑，销魂似去年。春人开笑口，低祝花同寿。花语记分明，百花同日生。"

花朝节这天若天清气朗，自是欣然，而碰上风雨连绵，则添得多少遗憾！北宋诗人张耒在《二月二日挑菜节，大雨不能出》中写道："久将菘芥芼南羹，佳节泥深久未行。想见故园蔬甲好，一畦春水辘轳声。"既不能出门挑菜，亦不能去为百花祝寿，诗人只可作诗遣怀了。周瘦鹃在日寇侵占苏州的第二年，避居上海一小楼中，花朝日逢雨，感于故园沦陷，作了一首七绝："夭桃沐雨如沾泪，弱柳梳风带恨飘。燕子不来帘箔静，百无聊赖是今朝。"

上巳节

SHANGSI FESTIVAL

▶ ▶ ▶ 三月三日为上巳，此是魏、晋以后相沿，汉犹用巳，不以三日也，事见宋书。

三月三日
天气新

郑国之俗，三
月三日上巳，
于溱洧两水之
上，执简招魂，
被除不祥。

上巳是周朝以前就已经出现的节日。《风俗通》载："郑国之俗，三月三日上巳，于溱洧两水之上，执简招魂，被除不祥。"也就是说，在三月三日上旬巳日，于水边举行招魂禳灾的仪式。到了汉代，上巳这天仍是人们重视的节日，《后汉书·周举传》云："六年三月上巳日，商大会宾客宴于洛水。"

但魏晋以后，上巳究竟是农历的哪一天，每年并不一致，人们便约定俗成地将上巳节定在农历的三月三日。"三月三日为上巳，此是魏、晋以后相沿，汉犹用巳，不以三日也，事见宋书。"（《五杂组》）

在王羲之的《兰亭序》中，有"修禊事也"一语，这是何意？在周代，巫术迷信颇为流行，每到农历三月的上巳日，女巫在河边举行除灾去病仪式，称之为"被除"，也叫"修禊"。"被除"指巫术仪式，"修禊"有清洁的含义。在古人的诗歌中，常把临水饮酒或曲水流觞的活动，称为"禊饮"（如陈子昂"群公禊饮，于洛之滨"）、"被宴"（如陈子昂"摘兰藉芳月，被宴坐回汀"），把上巳日称为"春禊""禊辰"。

在上巳节，从皇宫到民间，都要举行"被禊"的活动，而且人们渐渐淡化了它的迷信色彩，融文化、体育、卫生等内容于一体。晋代文学家潘尼在《三月三日洛水作》诗中，描写了人们的一系列活动内容：乘华车、洗素手、钓鱼、射雁、饮酒、吃素，反映了当时的社会习俗。诗云："暑运无穷已，时逝焉可追。斗酒足为欢，临川胡独悲。暮春春服成，百草敷英蕤。聊为三日游，方驾结龙旗。廊庙多豪俊，都邑有艳姿。朱轩荫兰皋，翠幕映洛湄。临岸濯素手，涉水搴轻衣。沉钩出比目，举弋落双飞。羽觞乘波进，素卵随流归。"

除这些活动外，泛舟游饮极为盛行。在唐宋的诗歌中多有记载。"兰桡缦转傍汀沙，应接云峰到若耶"（刘长卿《上巳日越中与鲍侍御泛舟耶溪》）；"素舸锦帆开，浮天接上台"（卢纶《奉陪浑侍中上巳日泛渭河》）；"忆在钱塘正如此，回头四十二年非"（苏东坡《次韵王巩颜复同泛舟》）。有趣的是，有的地方还在江上举行赛船竞渡活动，有如过端午佳节。

上巳节的文娱体育活动，如曲水流觞、泛舟饮宴、江上竞渡、洗素手、蹚春水……都与水密切相关，说明其在内涵上依旧因承了"被禊"的意蕴。

在这一天，女人们也可以自由地参加上巳节的活动，被灾祈福的美好愿望，是没有人阻拦的。唐人杜甫在《丽人行》中写道："三月三日天气新，长安水边多丽人。态浓意远淑且真，肌理细腻骨肉匀。绣罗衣裳照暮春，蹙金孔雀银麒麟。头上何所有？翠微匎叶垂鬓唇。背后何所见？珠压腰衱稳称身……"她们都穿上节日的盛装，把自己打扮得漂漂亮亮的，从一个侧面体现了上巳节的大众性和广泛性。

寒食与清明

COLD FOOD
FESTIVAL AND
QINGMING FESTIVAL

CHINESE
OLD
FESTIVAL

▶ ▶ ▶ 去冬节一百五日，即有疾风甚雨，谓之寒食，禁火三日。

寒食禁火与
清明升烟

太原一郡，旧俗
以介子推焚骸，
有龙忌之禁。至
其亡月，咸言神
灵不乐举火，由
是士民每冬中，
辄一月寒食……

《荆楚岁时记》说："去冬节一百五日，即有疾风甚雨，谓之寒食，禁火三日。"

旧俗清明节前一日为寒食节，它的起源据说与春秋的晋国公子重耳的臣属介子推有关。重耳流亡十余年，介子推护驾有功。当重耳返回故国即位，介子推却躲入深山避官。据说重耳以放火烧山的方式，企望逼出介子推，不料却把介子推烧死了。后人为纪念介子推，便有禁火之举。《后汉书·周举传》云："太原一郡，旧俗以介子推焚骸，有龙忌之禁。至其亡月，咸言神灵不乐举火，由是士民每冬中辄一月寒食……"

在古代，寒食禁火，官府管得极严，如果某家炉中温度较高，将一根羽毛插入炉灰中，羽毛变焦了，便犯了死罪。因此在寒食前一日，各家便将炉火泼熄，"雨中禁火空斋冷，江上流莺独坐听"（唐·韦应物《寒食寄京师诸弟》）；"雨灭龙蛇火，春生鸿雁天"（唐·王昌龄《寒食即事》）。寒食不但禁灶火，连灯烛也是不许点的，"此时寒食无灯烛，花柳苍苍月欲来"（唐·李宣古《赋寒食日亥时》）；"夜半无灯还不寐，秋千悬在月明中"

（唐·薛能《寒食日题》）。

因为寒食禁火，各家各户在节前几日纷纷制作甜饧（麦芽糖），佐食冷粥干饼，以便于下咽充饥。

在寒食节，即使是皇帝赐宴，也是冷菜冷馔："廊下御厨分冷食，殿前香骑逐飞球。千官尽醉犹教坐，百戏皆呈未放休。"（唐·张籍《寒食内宴》）

唐代是清明前两日禁火，到了清明节晚上，由宫内传火炬出来赐予近臣，而民间到此时亦可举火升烟了。"御火传香殿，华光及侍臣"（唐·王濯《清明日赐百僚新火》）；"家人定是持新火，点作孤灯照洞房"（唐·权德舆《清明日次弋阳》）；"多病正愁饧粥冷，清香但爱蜡烟新"（宋·欧阳修《清明赐新火》）。

在今天，寒食禁火的习俗已了无踪迹，连续几天吃冷食毕竟对身体有害，它的消泯应是一种社会生活形态的进步。但介子推淡泊名利、急流勇退的精神，倒是值得纪念的。

清明扫墓

「春城闲望爱晴天，何处风光不眼前。寒食花开千树雪，清明日出万家烟。」

清明节是我国的传统节日之一。《月令七十二候集解》说："物至此时，皆以洁齐而清明矣。"清明节一般处在阳历的 4 月 5 日前后，这一天时兴扫墓、打秋千、放风筝、斗百草等习俗，但扫墓是一项最重要的内容。

扫墓的习俗，相传早在春秋战国时期已经开始，唐以后盛行。唐代诗人白居易在《清明日登老君阁望洛城赠韩道士》中写道："风光烟火清明日，歌哭悲欢城市间。何事不随东洛水，谁家又葬北邙山。中桥车马长无已，下渡舟航亦不闲。冢墓累累人扰扰，辽东怅望鹤飞还。"宋人高翥的《清明》，则写得更为细致和形象："南北山头多墓田，清明祭扫各纷然。纸灰飞作白蝴蝶，泪血染成红杜鹃。日落狐狸眠冢上，夜归儿女笑灯前。人生有酒须当醉，一滴何曾到九泉。"

扫墓虽是清明节的重要内容，但南方、北方还是有些差异的，北方人重祭墓，南方人扫墓后多有踏青郊游之举。"北人重墓祭，余在山东，每遇寒食，郊外哭声相望，至不忍闻。当时使有善歌者，歌白乐天《寒食行》，作变徵之声，坐客未有不堕泪者。南人借祭墓为踏青游戏之具，纸钱未灰，舄履相错，日暮，墦间主客无不颓然醉倒"（明·谢肇淛《五杂组》卷二）。而明人张岱在《陶庵梦忆·越俗扫墓》中也写道："越俗扫墓……厚人薄鬼，率以为常。……下午必就其路之所近，游庵堂、寺院及士夫家花园。鼓吹近城，必吹《海东青》《独行千里》，锣鼓错杂。酒徒沾醉，必岸帻嚣嚣，唱无字曲，或舟中攘臂，与侪列厮打……"

在唐宋诗人的诗文中，同样可以领略其在扫墓后踏青郊游的风致。"春城闲望爱晴天，何处风光不眼前。寒食花开千树雪，清明日出万家烟"（唐·王表《清明日登城春望寄大夫使君》）；"游人恋芳草，半犯严城鼓"（唐·李正封《洛阳清明日雨霁》）；"青盖皂衫无复禁，可能乘兴酒家眠"（宋·王安石《清明辇下怀金陵》）；"寻花迷白雪，看柳拆青丝"（唐·独孤良弼《上巳接清明游宴》）。

清明祭扫墓的习俗，一直延续到今天。

泼水节

WATER-SPLASHING FESTIVAL

CHINESE OLD FESTIVAL

▶ ▶ ▶ 泼水节是少女的节日，凡出嫁了的即不参加泼水和被

泼的活动，她们只是前来看看热闹。

泼水归来
日未曛

节日期间，傣族同胞举行热闹非凡的泼水、赛龙船、放高升活动。

1987年4月，老作家汪曾祺赴云南芒市参加傣族同胞的泼水节，后写了一首七绝："泼水归来日未曛，散抛锥栗入深林。铓锣象鼓声犹在，缅桂梢头晾筒裙。"

泼水节是傣族一年中最盛大的节日，"在傣历六七月（清明节后十日左右）"举行。"节日期间，傣族同胞举行热闹非凡的泼水、赛龙船、放高升活动。泼水活动是傣族人民过年的最高潮，也是傣历年中最精彩的场面，因而通常称傣历年为'泼水节'。"（《少数民族春节习俗》）

泼水节来源于民间传说：很久很久以前，傣族人民聚居之地有个魔王，他有七个妻子。第七个妻子非常漂亮，假意逢迎，把魔王灌醉了酒，乘机套出魔王最怕人用他的头发绑住他的颈的秘密。于是她与另外六个妻子拔取魔王的头发，将其头颈勒断。谁知魔王的头落到哪里，哪里就腾起一片大火。她们只好轮流抱魔王头，身上便沾上血污，腥臭难闻。邻居们见状，就用木桶盛上香水，泼向她们，以除不洁，此习俗世代相传，遂成节日。

云南诗人张永权在《泼啊，幸福的泉水》一诗中，很浪漫地写出了这个

故事："相传有七个聪明美丽的傣族姑娘，为拯救傣家飞到高高的蓝天之上，引来天河的流水泼灭了遍地的大火，又用头发绞死了降火的魔王……"

汪曾祺在《泼水节印象》中写道："泼水开始。每人手里都提了一只小水桶，塑料的或白铁的，内装多半桶清水，水里还要滴几点香水，桶内插了花枝。泼水，并不是整桶地往你身上泼，只是用花枝蘸水，在你肩膀上掸两下，一面用傣语说：'好吃好在。'我们是汉人，给我们泼水的大都用汉语说：'祝你健康。''祝你健康'太一般了，不如'好吃好在'有意思。接受别人泼水后，可以也用花枝蘸水在对方肩头掸掸，或在肩上轻轻拍三下。"

在铓锣象鼓的伴奏下，傣族同胞还要跳一种叫做"嘎漾"的舞。舞步比较简单，脚下一步一顿，手臂自然摆动，至胸前一转手腕。"嘎漾"是鹭鸶舞的意思。

泼水节是少女的节日，凡出嫁了的即不参加泼水和被泼的活动，她们只是前来看看热闹。节日中的傣族少女打扮得极为漂亮：头上盘了极粗的发辫，插了一头各种颜色的绢花或鲜花；白纱上衣，窄袖，胸前别满了黄灿灿的镀金饰物，一边龙，一边凤，还有一些金花、金蝶、金葫芦；下面是黑色的喇叭裤，系黑短围裙，垂下两根黑地彩绣的长飘带。

今天，泼水节已为无数旅游者所向往，在节日前夕，人们纷纷赶往云南傣族聚居之地，欲一睹此中的美丽与吉瑞。

妈祖

MAZU FESTIVAL

节

▶ ▶ ▶ 补天娲神，行地母神，大哉乾，至哉坤，千古两般神女；

治水禹圣，济川后圣，河之清，海之晏，九州一样圣功。

海天处处
祈慈航

随着妈祖影响力
的日益扩大，航
海者出海必去妈
祖庙祈祷平安。

　　妈祖是中国民间影响颇著的女神之一，这位女海神是船旅渔业的行业神，也是沿海广大地区民众及海外华人重要的保护神和精神纽带。据不完全统计，在全国各地及海外有妈祖庙1500余座，光台湾岛就多达500余座。每年的农历三月二十三日，为妈祖诞日，各地的民众都会虔诚地前去妈祖庙祭拜，举行各种庆祝活动。在妈祖的故乡——福建莆田湄州湾口的湄州岛，这里的妈祖庙最早建于清康熙三十三年（1694年），当时不过是一座由村民捐资建造的小庙，经历代扩建，已形成拥有5组建筑群、16座殿堂楼阁的大型庙宇。参加庆典活动的不但有本地的民众，还有海外的华人，他们借此来寻根问祖、祈福求吉。

　　妈祖在历史上是实有其人的，姓林，北宋建隆元年（960年）生于福建莆田湄州湾口的湄州岛。她出生后，"弥月不啼，名曰默"（《天妃灵应记》）；因受佛教影响，"五岁能诵《观音经》"（《绘图三教源流搜神大全》）；长大后，"以巫祝为事，能预知人祸福"（《圣墩祖庙重建顺济庙记》）；她水性极好，常救助遇海难的商旅渔民，"人呼曰'神女'，又曰'龙女'"

（《泉州府志·天妃宫》）；她发誓不嫁人，以救人为业，不幸于27岁时去世，死后，"时显灵应，或示梦，或示神灯，海舟获庇无数，土人相率祀之"（《琉球国志略》）。

林默被神化后，影响日益扩大，蔓延到沿海广大地区及海外。从宋代到以后的王朝，都对妈祖屡屡册封，其名号有"夫人""妃""天妃""圣妃""元君""天后""天上圣母"，嘉庆时封号竟多达30个字。

林默生前在海上救助遇难者，死后在传说中更是大显神通，成为一位声名赫赫的海上保护神，典籍中对她的事迹多有记载。如"（北宋）宣和五年，给事中路允迪以八舟使高丽，风溺（舟）其七，独允迪舟见神女降于樯而免。事闻于朝，赐庙额曰'顺济'"（《四明续志》）。

随着妈祖影响力的日益扩大，航海者出海必去妈祖庙祈祷平安；出海的大船（包括官船）上都设有妈祖的神位，以便随时祭拜。明人陈侃在《使琉球录》中说："舟后作黄屋二层，上安诏敕，尊君命也；中供天妃，顺民心也。"明代郑和率庞大船队七下西洋，每次出发前都要祭拜妈祖（天后），船中也供奉甚勤，遇海盗、海难皆请妈祖佑护，返国后必去妈祖庙表达谢忱。

福建泉州天后宫的联语中，有一联是这样写的："补天娲神，行地母神，大哉乾，至哉坤，千古两般神女；治水禹圣，济川后圣，河之清，海之晏，九州一样圣功。"把妈祖与女娲、大禹相提并论，可谓赞誉有加。在广东雷州市的天后宫中，有对联说出了天后（妈祖）的渊源及影响。其一："天恩浩荡，闽地培源滋粤海；后德巍峨，莆田育本壮雷州。"其二："圣显湄州，龙女护民民吉庆；恩敷雷郡，朱衣渡海海清平。"

浴佛节

BUDDHA'S
BIRTHDAY

▶ ▶ ▶ 《宿愿果报经》云，我佛世尊生是此日，故用四月八日灌佛也……

农历的四月初八日，相传为佛祖释迦牟尼的诞生日。释迦牟尼的父亲是一个小王国迦毗罗卫国的国王，称为净饭王，其母叫摩耶，极为贤良。他们一直无嗣，后感动上苍，摩耶得以有孕，而后便生下一个男孩，即释迦牟尼，这一天正是农历的四月初八。

释迦牟尼一落地，便在四面八方各走七步，同时右手指天，左手指地，说："天上地下，唯我独尊。"于是，上空天女散花，天使奏乐，且有九龙喷水，为太子沐浴。

于是，四月八日称为浴佛节。宋人金盈之在《醉翁谈录》中说："八日，诸经说佛生日不同，其指言四月八日生者为多。《宿愿果报经》云，我佛世尊生是此日，故用四月八日灌佛也……浴佛之日，僧尼道流云集相国寺，是会独甚。"据此书介绍，相国寺浴佛，是在一个金盘中，安置一尊能自动行走的"机器人"佛像，有九条金龙自动从高处喷水，"水入盘中，香气袭人。须臾，盘盈水止。大德僧以次举长柄金杓，挹水灌浴佛子。浴佛既毕，观者并求浴佛水饮漱也"。

一般的小寺庙，僧人把佛像直接浸在水盆中，表示浴佛。浴过佛的水，被认为可治百病，饮漱此水的信徒们自然是会解囊捐钱的。"八日为释迦文佛生日，僧尼香花灯烛，置铜佛于水盆，妇女争舍钱财，曰'浴佛'。"（清·顾禄《清嘉录》）

这种借佛诞日敛财的行为，并非始于清代，在宋时已很风行："诸寺院各有浴佛会，僧尼辈竞以小盆贮铜像，浸以糖水，覆以花棚，铙钹交迎，遍往邸第富室，以小杓浇灌，以求施利。"（宋·周密《武林旧事》）

湘南的瑶族姑娘，则在这天欢度传统的斗牛节，又称为阿妹节、女儿节。在四月八日这一天，瑶家姑娘相邀到风景优美的地方会餐，自带食品中有几样必不可少：蛋壳上绘有自己设计的织花边图案的花蛋，当然是熟的；花糍粑，在糯米糍粑的一面用小刀刻绣荷包的花样，每个糍粑的花样不能重复；还有一样是花糖。她们首先展示自己带来的"三花"食品，接着玩各种有趣的游戏。阿妹"斗牛"是不允许小伙子偷偷看的，若偷窥者被发现，并被叫出了名字，他就必须乖乖地接受姑娘们的处罚。当然，小伙子总是愿意被发现，并接受种种处罚，好姻缘往往就从这里拉开序幕。

浴牛节

COW
BATHING
FESTIVAL

CHINESE
OLD
FESTIVAL

▶ ▶ ▶ 　浴牛节，体现了人类对牛的珍爱，也反映出人与动物
的一种互为依存的关系。

给牛过生日

牛对于农耕文化的发展起过重大的作用，牛还与许多政治、军事活动发生过极为密切的关系。

自古迄今，牛一直受到国人的喜爱和崇敬。据考古学家考证，人类养牛可能在新石器时代便已开始。牛对于农耕文化的发展起过重大的作用，牛还与许多政治、军事活动发生过极为密切的关系。在中国的成语中，有不少与牛有关，如：牛刀小试、牛头马面，等等。

民间相传，先民刀耕火种时，人苦效微，佛发慈悲，唤天牛前去鼎力相助，授以耕种技术，天牛慨然下凡，甘愿以草为食，负犁耕作，毫无怨悔，从此便留在人间了。人们为了表示感激，将农历四月八日定为耕牛的生日，俗称"牛王诞"。每到这天，牛主人让耕牛放假休憩，把它牵到河畔湖边，用毛刷把它上上下下仔细擦洗，然后任它自己去自由地玩水洗浴，牵回家中后，喂以精饲料、鸡蛋和黄酒，表示慰劳。所以四月八日又称为浴牛节。

浴牛节，体现了人类对牛的珍爱，也反映出人与动物的一种互为依存的关系。

又因四月八日为佛教的浴佛日，寺院焚香设斋供佛，并用五色香水浴佛。而乡村的农民则浴牛，可见牛地位之显赫。

老友叶之蓁，在二十多年前写过一篇小说《牛报》，刊在《人民文学》上，曾引起评论家和读者的关注。小说写旧时代的一对农村父子因穷困而无法置办一条好牛，最后以极少的钱买回一头衰老的母牛，在一种凄苦和精诚的感召下，老母牛居然怀上了牛崽，父亲却在屈辱中悲哀地死去。生下的牛崽居然和这位父亲一样，瞎了一只眼睛，儿子便认定是父亲转世……读来令人泣下。值得一提的是，小说中展示了大量的关于牛文化的内容：如何养牛、选牛，如何给牛过生日，等等。

关于养牛和牛的生日，小说中的父子有这样一段对话：

"崽啊，你记好，冬天牛草要铡碎，水要给足，要不，牛会烧包。"

"我记得。"

"热天的晚上牛要牵出来歇凉，要砍些艾叶熏熏，它怕蚊子咬。"

"我记得。"

"谷雨那天是牛的生日。你头一要喂它一杯酒、两只鸡蛋。"

"我记得。"

端午节

CHINESE
OLD
FESTIVAL

DRAGON BOAT
FESTIVAL

▶ ▶ ▶ 古人以菰芦叶裹黍米煮成，尖角，如棕榈叶心之形，故曰粽，曰角黍。

粽子与雄黄酒

早期的粽子——角黍，可能与古人「尝黍与祭祖」以庆丰年的民俗活动有关。

农历五月初五的端午节，是国人最为之动心的一个节日，相传是屈原投江殉国的日子，因而又称为诗人节。这一天，家家门楣上插着菖蒲、艾叶等物，江河上竞渡龙舟，鼓声如雷，而酒宴上粽子和雄黄酒则是必备之物。

粽子又叫角黍，"古人以菰芦叶裹黍米煮成，尖角，如棕榈叶心之形，故曰粽，曰角黍"。但是吃粽之风，并非起源于屈原死后，《荆楚岁时记》说："夏至节日，食粽。"据专家考证，早期的粽子——角黍，可能与古人"尝黍与祭祖"以庆丰年的民俗活动有关。

食粽祭屈原，寄托了人民对屈原的哀思，约定俗成地演化成一种特有的文化现象。"屈原五月五日投汨罗水，楚人哀之。至此日，以竹筒子贮米投水以祭之。"（《续齐谐记》）"周时，楚屈原以忠被谗，见疏于怀王，遂投汨罗以死。后人吊之，因以五色丝角条（粽子）于节日投江以祭之。"（《世说》）

包粽子是过端午节的一件大事，五月初一人们就开始买粽叶，以清水浸泡、洗刷，然后一片一片晾干；再用清水浸泡洁白的糯米，然后沥干水；还要准备肉粽的馅料。如果是素粽（碱粽），那么要以碱水泡米，或者在米上洒少许石灰水再将其搅匀。儿时，快过端午节了，我们常围在母亲身边看她包粽子。她先把粽叶卷成角形，用勺把湿漉漉的糯米灌入、压紧，再把叶片翻覆过来，然后用五彩绳缠扎，一串一串的，十分好看。到了端午节，吃着蒸熟的粽子，真的是口齿留香。现在，母亲八十岁了，但仍坚持要亲手包粽子，她说自制的粽子比店铺里买来的好吃。

端午节除了吃粽子，还要喝雄黄酒，并用酒水在小孩子的额上写"王"字。"研雄黄酒末，屑蒲根，和酒以饮，谓之'雄黄酒'；又以余酒染小儿额及手足心，随洒墙壁间，以祛毒虫。"（清·顾禄《清嘉录》）《本草纲目》载："雄黄能杀百毒，辟百邪，杀蛊毒……"农历的五月初五，按节气已入夏，虫、蛇渐多，饮雄黄酒，洒雄黄酒于墙壁间，以雄黄酒涂染孩子的额、手心、脚心，是为了去毒杀虫，这是有一定的科学道理的。

戏曲《白蛇传》中，许仙让白素贞喝了雄黄酒，使其现出了蛇形，自己也被吓死，后面才有盗仙草、水漫金山寺、断桥团聚的情节，《白蛇传》已成了一出令人百看不厌的爱情经典名剧。

五瑞之首乃菖蒲，它具有消除邪气的作用。

天中五瑞

　　农历五月，古代称为"恶月"，从气候上来看，五月渐入热夏，湿热弥漫，人易染病，是灾疫流行之时。所以，在端午节前后，时兴在门上悬插菖蒲、艾叶，谓之"蒲剑""艾虎"，以驱邪避害，后来，菖蒲、艾叶加上榴花、蒜头、龙船花，合称为"天中五瑞"。

　　五瑞之首乃菖蒲，它具有消除邪气的作用。明人李时珍在《本草纲目》中认为，菖蒲主治"风寒湿痹，咳逆上气，开心孔，补五脏，通九窍，明耳目，出音声"，是一味很有用的中草药。同时，菖蒲，"方士隐为水剑，因叶形也"，悬之于门，如利剑出鞘，足以辟邪驱鬼。清人顾禄《清嘉录》卷五："截蒲为剑，割蓬作鞭，副以桃梗蒜头，悬于床户，皆以却鬼。"这当然是迷信，但可以消毒、杀菌，倒是一点不假。

　　艾草，是菊科多年生草本植物，在中国古代针灸学里，人们就以艾草的老叶制成艾绒，用以驱疾除病。"五月五日……采艾以为人（采艾似人形者），悬门户上，以禳毒气"（梁·宗懔《荆楚岁时记》）。

　　榴花与艾叶，都是古代妇女在端午节时用来插戴在鬓发上的饰物，以辟禳邪气、疫气。因石榴花红艳似火，插于鬓发，使女性更为俏丽，"一朵佳人玉钗上，只疑烧却翠云鬟"（唐·杜牧《山石榴》）。

蒜头，又称蒜果，在端午节时附于菖蒲上，悬于户外，同样可以辟邪去疫。蒜头气味辛烈，杀菌效果极佳，还可以降血压。在炒制菜肴时，它是一种佐味品。

龙船花，本名山丹花，属百合花科，在五月热热闹闹地盛开，开时花冠向上，不向外翻卷。把它采来一同系在菖蒲上，可以去疫瘴之气。

关于悬插五瑞的风俗，在历代诗人的作品中多有反映。南宋诗人戴复古在《扬州端午呈赵帅》中写道："榴花角黍斗时新，今日谁家不酒樽。堪笑江湖阻风客，却随蒿艾上朱门。"陆游也吟道："粽包分两髻，艾束著危冠。"（《乙卯重五诗》）清人卢毓嵩在《钟馗图》中唱道："榴花吐焰菖蒲碧，画图一幅生虚白。"

端午插五瑞，既体现了一种民俗学的内蕴，同时又表现了古人对于生存环境的关切之心，颇值得我们借鉴。

关于赛龙舟的缘由，自古相传，有种种说法。其一是为纪念战国时楚国的爱国诗人屈原。

龙舟竞渡

每逢农历五月初五的端午节，江南的江河湖泊之上，鼓声震天，桨橹如搅，一对对龙舟追逐竞渡，而岸上观者如堵，喊声如潮，充满着一种欢乐的节日气氛。

关于赛龙舟的缘由，自古相传，有种种说法。其一是为纪念战国时楚国的爱国诗人屈原。他坚贞爱国，不忍看到祖国沦亡，在湖南的汨罗江投水而死，当地人们担心水中的龙吞吃他的遗体，就造出龙形的舟行驶于江中，并敲锣打鼓以驱赶水中的龙。"江上何人吊屈平？但闻风俗彩舟轻"（宋·余靖《端午日即事》）；"沅江五月平堤流，邑人相将浮彩舟。灵均何年歌已矣，哀谣振楫从此起"（唐·刘禹锡《竞渡曲》）。其二是为纪念春秋时吴国大夫伍子胥。据闻一多先生考证，端午节是古代吴越地区的百越族举行图腾祭祀的节日，这个民族以龙为图腾，自称是龙的传人，每年农历五月五日，他们驾着龙形的独木舟，在急鼓声中进行竞渡之赛，以取悦神灵和自娱。尽管龙舟竞渡的起因有多种，但国人多持纪念屈原这一说法。明人张岱在《陶庵梦忆·金山竞渡》中说："看西湖竞渡十二三次，己巳竞渡于秦淮，辛未竞渡于无锡，壬午竞渡于瓜州，于金山寺。西湖竞渡，以看竞渡之人胜，无锡亦如之。秦淮有灯船无龙船，龙船无瓜州比，而看龙船亦无金山寺比。瓜州龙船一二十只，刻画龙头尾，取其怒；旁坐二十人持大楫，取其悍；中用彩篷，前后旌幢绣伞，取其绚……"可见这种民俗活动范围之广，声势之大。

在我的故乡湖南湘潭，每年端午节，必在湘江上赛龙舟，以西头江心的杨梅洲为起点，以东头的小东门为终点，顺江而下长达十余公里。每次竞赛，必有几十艘龙舟参与，其场面十分壮观。湘潭的龙舟，其形如龙舟，比别处的长，可乘坐三十来人。舟头坐四人，各持阔叶大桨，谓之"鹅锋"，开路分水；然后是两边分列而坐的二十余名桡手，一律的青年壮汉；舟尾二人，把持长桨，作导向、加力之用，称之为"导桨"；中间是鼓舱，坐司鼓者一人，及放铳者、挥旗者各一人。

唐代诗人张建封在《竞渡歌》中，生动地描写了这种壮观的场面："……鼓声三下红旗开，两龙跃出浮水来。棹影斡波飞万剑，鼓声劈浪鸣千雷。鼓声渐急标将近，两龙望标目如瞬。坡上人呼霹雳惊，竿头彩挂虹蜺晕。前船抢水已得标，后船失势空挥桡……"

在宝岛台湾，端午节也有龙舟竞渡的习俗。清人钱琦的《台湾竹枝词·竞渡》写道："竞渡齐登杉板船，布标悬处捷争先。归来落日斜檐下，笑指榕枝艾叶鲜。"充分说明了台湾和大陆骨肉相连的关系。在今天，龙的子孙，翘首期盼祖国统一团圆。

三伏节

DOG DAYS

CHINESE
OLD
FESTIVAL

► ► ► 冬练三九，夏练三伏。

三伏酷热时

三伏酷热难
当，于是避暑
便成了一项重
要的内容。

按古代的历法，夏至后第三个庚日为初伏，第四个庚日为中伏，立秋后第一个庚日为末伏，又称为头伏、二伏、三伏，合起来总称为"三伏"。

所谓"冬练三九，夏练三伏"，冬三九为最冷的一段时日，夏三伏为最热的一段时日。因此，自古及今，三伏都被予以极大的关注，民间称之为"伏节"。

在湖南地区，每伏的头一天，讲究吃"伏狗""伏鸡"，狗必须是仔狗，鸡为仔叫鸡（小雄鸡），以姜、蒜、桂皮等烹炒之，既去热解毒，又可进补，名曰"伏补"。在我的家乡，还讲究每伏的头一天，必去湘江游泳，称之为"泡伏"，目的当然是以一江清凉之水，洗去身上的燥热。

在古代，一入伏，皇帝会向臣子赐冰，表示一种关切："中乾愿沃仙盘露，上赐堪加凌室冰"（宋·白子仪《暑伏偶书呈端祖仰之》）。同时，同僚之间也有赠冰之举，为的是驱退暑热，"日色若炎火，正当三伏时。盘冰赐近臣，络绎中使驰。莹澈肖水玉，凛气侵入肌。近日多故友，分贶能者谁"（宋·梅尧臣《中伏日永叔遗冰》）。

"火炎逢六月，金伏过三庚"（唐·包佶《同李吏部伏日口号呈元庶子路中丞》），三伏酷热难当，于是避暑便成了一项重要的内容。或避暑家中，"闭门避暑卧，出入不相过"（魏晋·程晓《伏日》）；或者到一些清凉之地，如湖上、山中、寺里，去躲避炎热，"拥几苦炎伏，出门望汀洲。回溪照轩宇，广陌临梧楸"（唐·皎然《伏日就汤评事衡湖上避暑》）；"绀宇迎凉日，方床御绤衣。清谈停玉麈，雅曲弄金徽"（宋·梅尧臣《中伏日陪二通判妙觉寺避暑》）；"世上炎炎三伏热，难教热到不争门"（宋·张耒《山中伏日》）。

文人墨客喜欢相聚饮酒、喝茶，品尝瓜果、冰汁，分韵作诗，以消磨长日。"钩带已逢瓜入座，扶疏还爱树成帷"（宋·白子仪《初伏后偶书呈抑之》）；"蒲葵参执扇，冰果侑传杯"（宋·司马光《和潞公伏日晏府园示座客》）。同时，伏日食粥也十分流行，"饱餐馔粥消长夏"（宋·张耒《伏暑日唯食粥一瓯尽屏人事颇逍遥效皮陆体》）。

此外，品茗、沐浴，更是每日不变的"功课"。

三伏烈日炎炎，容易中暑得病，所以必须多方注意，保护身体。同时，天气炎热时体育锻炼得法，更容易收到奇效，"夏练三伏"是很有道理的。

晒书节

SUN BOOK
FESTIVAL

CHINESE
OLD
FESTIVAL

▶ ▶ ▶　　六月六，家家晒红绿。

六月六日
晒书忙

讲究实用的老百姓，利用这一天的好太阳，晒衣服被褥，晒书籍字画。

当节令从黄梅雨季逶迤走出，进入晴空朗朗的盛夏，沐浴着炽热的阳光，人们的心情是何等的明快。到了农历的六月六日，读书人首先想到的是曝晒书籍字画，去霉杀虫，使之不腐不烂，以便传之久远。

清人潘奕隽在《六月六日晒书诗》中写道："三伏乘朝爽，闲庭散旧编。如游千载上，与结半生缘。读喜年非耋，题惊岁又迁。呼儿勤检点，家世只青毡。"读书世家，长辈领着子女晒书的情景，历历如在眼前。

伏天晒书，魏晋时早已兴之，不过是在农历的七月七日，"郝隆七月七日出日中仰卧，人问其故，答曰：'我晒书……'"（《世说新语·排调第二十五》）。以后才逐渐演变为六月六日晒书，民间则利用这一天曝晒衣服被褥，名曰"晒伏"。谚语云："六月六，家家晒红绿。""六月六，家家晒龙袍。"为什么将晒衣物称为晒龙袍呢？在扬州有这样一个传说：清朝的乾隆皇帝在扬州的巡行路上遭逢大雨，淋湿了外衣，又不便借百姓的衣服替换，只好等天晴后将外衣晒干，这一天正好是六月六日，故而有晒龙袍之说，扬州也就有了"龙衣庵"这个地名。

　　六月六日，也是佛寺的一个节日，叫做翻经节。传说，唐玄奘西天取经归来，不慎将经书掉落海中，捞起来晒干方得保存，因此佛寺便在这一天翻检曝晒寺中所藏的经书。在古代的苏州，一些信佛的妇女，每年此日便到寺庙中去翻经念佛，说是翻经十次，来生可转为男儿身。有学者考证，最早的六月六日，名叫天贶（读"况"）节，贶，是赐赠的意思。此节起源于宋代。宋真宗赵恒是一个非常迷信神仙的皇帝，有一年的六月六日，他声称上天赐予他一部天书，乃钦定这天为天贶节。他还在泰山脚下的岱庙建造了一座恢宏的殿堂，名之为天贶殿。但此节行之不远，逐渐泯灭了，代之而起的是"晒伏"。讲究实用的老百姓，利用这一天的好太阳，晒衣服被褥，晒书籍字画，有些地方还时兴给家养的猫狗洗澡，戏之为"六月六，猫儿狗儿同洗浴"。

　　记得儿时，每逢这天，父亲总要在天井里摆上条案，曝晒他收藏的中医书籍，一边翻晒，一边和我谈起药理病症。几十年过去了，父亲虽逝，但当时情景仍在记忆中鲜活。

马神节

**HORSE GOD
FESTIVAL**

Chinese
Old
Festival

▶ ▶ ▶ 以四时祭马祖、先牧、马社、马步诸神。

六月廿三
祭马神

马王神像多为红脸，多须，武将打扮，长着四臂，各执刀枪剑锤，身上披着铁甲。

在清代，每年的农历六月二十三日，为马神节（又称马王节）。"凡营伍及武职，有马差者，蓄养车马者，均于二十三日，以羊祭之"（《北平风俗类征·岁时》）。这一天，马车夫可向乘客索取几倍的车费，称之为"乞福钱"。《北平岁时志》卷六说："王公府邸大官富人，豢养多数骡马之公馆与素喜跑马之家，其举行祀马王，均在马号，不在正宅。与祭者皆为仆役牧卒。盖每届此期，不啻为仆役等醉餍酒肉，照例要求主人发给银钱，以为置办祭品之需。至下午祀毕，所有供献酒肉果品，即由仆御享受，是名为供马王，实则赐宴仆御也。"从中可以看出，这个以游牧民族而得天下的王朝，对马的分外尊崇了。

马王神像多为红脸，多须，武将打扮，长着四臂，各执刀枪剑锤，身上披着铁甲。他生有三目，一目竖立于额际，正如俗话所说的"马王爷三只眼"。

在我国，原始民族把动物奉为神来崇拜，实是普遍现象。《山海经》中许多神灵皆与动物有关，在这些动物中，家畜马、牛、羊、猪等又占有很大的比重。野生动物经人类驯化成为家畜，成为人类生活中的一个组成部分，于是很容易被神化。马之始，只是为人类提供血肉以供充饥，但日后发挥了它巨大的作用，耕作、骑乘、运输、打仗，无处不在，也就日益受到重视和爱护。远在周代，官方就规定了四时祭祀马神的制度，"以四时祭马祖、先牧、马社、马步诸神"（《古今图书集成·神异典》）。所谓马祖，即天上的天驷星（房星），《孝经说》："房为龙马，是马之祖。"所谓先牧，即"始教人以放牧者也"，是最早把野马驯化成家马的神。

　　隋、唐、宋、辽、明、清，各朝都有官方的祭祀马神的制度。明太祖朱元璋命祭马祖诸神，在南京特令太仆寺主持；明成祖朱棣迁都北京，在莲花池建造马神祠，自此民间祭马神的风气更盛。清代则将祭日定为六月二十三日，使之更加程式化。

　　马在中国人的心目中，是一种极有灵性的动物，文人墨客歌咏它、描画它的作品难以数计。唐代画马的高手有曹霸、韩幹，杜甫、苏轼对他们的画作称道备至。杜甫在《丹青引赠曹将军霸》中唱道："斯须九重真龙出，一洗万古凡马空。玉花却在御榻上，榻上庭前屹相向。至尊含笑催赐金，圉人太仆皆惆怅。"苏轼作《韩幹马十四匹》，生动地写出了画中诸马的神态，栩栩如生："韩生画马真是马，苏子作诗如见画。世无伯乐亦无韩，此诗此画谁当看"到了现代，徐悲鸿用大写意法所作的马，笔墨简洁，取貌传神，尤为世人推崇。

观莲节

CHINESE
OLD
FESTIVAL

LOTUS DAY

▶ ▶ ▶ 古籍中把农历的六月二十四日称为观莲节，而这一天又是荷花诞生的芳辰。

荷叶罗裙一色裁，芙蓉向脸两边开。乱入池中看不见，闻歌始觉有人来。

　　荷花，古称芙蕖、水芙蓉，俗称莲藕花。它还有许多清雅的别号：玉环、水芝、水华、泽芝、净友、溪客、六月春等。荷花自古及今，一直受到人们的赞赏和青睐，历代诗人更是不遗余力地予以歌吟。"彼泽之陂，有蒲与荷，有美一人，伤如之何"（《诗经》）；"制芰荷以为衣兮，集芙蓉以为裳"（楚·屈原《离骚》）；"开花十丈藕如船"（唐·韩愈《古意》）。

　　荷花开得最为茂盛，且花、叶、实（莲子）互为映衬，风仪万种时，是在盛夏临秋的农历六月。宋人杨万里曾唱道："毕竟西湖六月中，风光不与四时同。接天莲叶无穷碧，映日荷花别样红。"（《晓出净慈寺送林子方》）；"六月西湖锦绣乡，千层翠盖万红妆。都将月露清凉气，并作侵晨一喷香"（《清晓湖上》）。这时候荷花瓣中已孕出莲蓬，新鲜可食，于是采莲尝新亦让人神往。唐人王昌龄《采莲曲》写道："荷叶罗裙一色裁，芙蓉向脸两边开。乱入池中看不见，闻歌始觉有人来。"贺知章也写道："莫言春度芳菲尽，别有中流采芰荷。"（《采莲》）

　　于是，人们泛舟赏荷，笙歌如沸。古籍中把农历的六月二十四日称为观莲节，而这一天又是荷花诞生的芳辰。在清代的吴越一带，因遍地是湖塘溪浦，荷花满目皆是，在观莲节这天男女倾城而出，蔚为壮观。"在前清时，每逢此日，画船箫鼓，纷纷集合于苏州葑门外二里许的荷花荡，给荷花上寿。"（周瘦鹃《荷花的生日》）清人邵长蘅曾以诗记其盛况："六月荷花荡，轻桡泛兰塘。花娇映红玉，语笑熏风香。"（《冶游》）张远《南歌子》吟道："六月今将尽，荷花分外清。说将故事与郎听。道是荷花生日，要行行。粉腻乌云浸，珠匀细葛轻。手遮西日听弹筝。买得残花归去，笑盈盈。"

在观莲节里，青年男女有了亲密接触的机会，便借此来表达心中的爱情。清人徐阆斋在《竹枝词》中写出了这个美好的场景："荷花风前暑气收，荷花荡口碧波流。荷花今日是生日，郎与妾船开并头。"

还有的人，生日正好是这一天，称为"与荷花同寿"，互相庆贺，颇多情趣。清代"扬州八怪"之一的罗聘，其妻方婉仪，号白莲居士，能诗善画。她的《生日偶作》一诗，十分脍炙人口："冰簟疏帘小阁明，池边风景最关情。淤泥不染清清水，我与荷花同日生。"

宋人汪莘看到密密匝匝、红红白白的荷花，却产生了另外的联想："西湖日日可寻芳，楼上凭栏意未忘。斫取荷花三万朵，作他贫女嫁衣裳。"（《秋日饮钱塘门外双清楼》）诗中充满了对贫家女子的同情之心，读来令人叹息。

古人曾以十二种花搭配农历的十二个月，荷花列配六月。宋人周敦颐因写过一篇传之不朽的散文《爱莲说》，便被封为六月莲花之神。

中元节

**HUNGRY
GHOST
FESTIVAL**

CHINESE
OLD
FESTIVAL

▶ ▶ ▶ 道场普渡妥幽魂，原有盂兰古意存。却怪红笺贴门首，肉山酒海庆中元。

庆中元

肉山酒海

「为作盂兰盆，施佛及僧，以报父母长养慈爱之恩。」

　　清代文人王凯泰在《中元节有感》一诗中写道："道场普渡妥幽魂，原有盂兰古意存。却怪红笺贴门首，肉山酒海庆中元。"

　　这首诗写的是福建一带过中元节的情景：到处做道场以普度、安顿那些孤独的鬼魂，各家的门上贴红笺大书"庆赞中元"，并为已经逝去的先人设下酒肉祭品。

　　中元节，为农历的七月十五日。我国在远古时便相传七月初一"开鬼门关"，七月三十日"关鬼门关"，在这一个月里，所有的鬼魂都从另一个世界出来领取祭物，于是人间便要举行"普度"的祭仪，以安顿这些鬼魂。

　　中元节又称"盂兰盆节"，盂兰盆是梵语音译，意为"救倒悬"。说的是释迦牟尼十大弟子之一目连的母亲坠落饿鬼道中，食物入口即化为火焰，饥苦太甚；目连只好求救于佛，佛说："你一人是救不了的，要靠十方僧众的道力才行。你要在七月十五日众僧结夏安居修行圆满的日子里，敬设盂兰盆供，以百味饮食供养十方众僧，依靠他们的感神道力，才能救出你的母亲。"于是，此习俗便流传开去，于中元节民间各地"为作盂兰盆，施佛及僧，以报父母长养慈爱之恩"（《盂兰盆经》）。尽管这个节日具有迷信色彩，但其内蕴仍是"孝道"二字，故千百年来兴行不废。

古代的"普度"，分"公普""私普"两种。公普以寺庙为中心，由当地的富豪或庙中的主事者担任主祭人，并在公普举行前夕，于庙前竖起一根高达数米、顶端有一盏灯笼的"灯篙"，以昭告鬼魂。正如唐德宗《七月十五日题章敬寺》所云，"法筵会早秋，驾言访禅扃"，就连天子也欣然去参加公普祭仪。私普，则是各家各户自设酒肉，自烧纸钱，招待已逝的长辈。

中元之夜，还有一个重要的节目，即放水灯（又称放河灯、放湖灯），按传统的说法，这水灯是为鬼魂引路的。"所谓水灯，就是在一块小木板上扎一盏灯，大多做成荷花的形状。天一落黑，船家们的船齐往江上游的七郎庙下摇。到时候，只听得一声呼哨，各船的水灯同时点亮蜡烛，浮下水去。这时灯亮板上，板漂水中，烛影摇红，似洒满江金银……"（《中国民俗大观·"鬼节"放水灯》）

清人蒋铖写了一首《西湖竹枝词·放湖灯》，描写的就是这种壮观场面："中元繁盛放湖灯，东角吴山月又升。梵呗翻因箫管亮，红灯摇漾玉波澄。"

广东潮州的燃放水灯，与别处稍有不同："若放大焰口时，还要派船溯韩江北至距城百余公里的三河坝，赶在仪式开始之前，边返航边点燃一只只陶钵制成的豆油灯并把它放下江里，意在引领八方孤魂野鬼前来受施，这叫'燃放水灯'。"（《中国民俗大观·潮州的"鬼节"》）

沐浴节

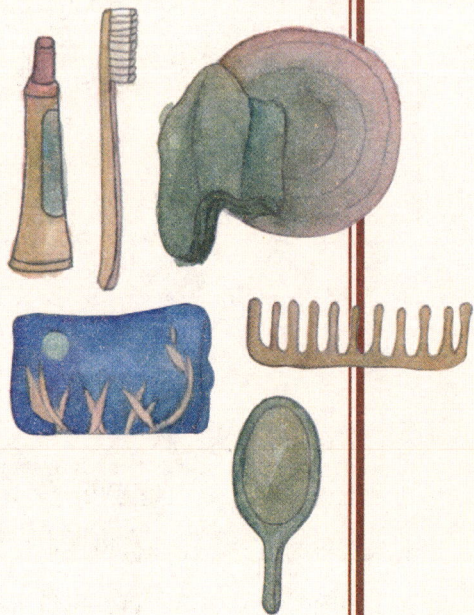

CHINESE
OLD
FESTIVAL

**BATHING
WEEK OF
TIBETAN**

▶ ▶ ▶ 　沐浴节在夏末初秋，藏语称为"嘎玛日吉"。

高原沐浴
抗疾病

初秋之水，一甘、二凉、三软、四轻、五清、六不臭、七饮不损喉、八喝不伤腹，所以沐浴节是很有科学道理的。

沐浴节在夏末初秋，藏语称为"嘎玛日吉"（意为洗澡），以藏历算，则是七月上旬，或说是藏历七月六日至十二日这七天。沐浴节在西藏已有七八百年的历史。民间传说在很早以前，高原上出现瘟疫，人畜死亡甚多，为了消除灾难，僧侣、百姓纷纷祈祷。后来观音菩萨指派七个仙女从玉池取来七瓶神水，倒入青藏高原的江河湖泊中。当晚，所有藏民都做了同样一个梦：一个身患疾病、面黄肌瘦的姑娘，于清波闪闪的拉萨河中沐浴，而后她的病就没有了，而且变得更加漂亮动人。于是，藏民纷纷下水洗澡，结果瘟疫也就迅速地消除了。这个传说代代相承，人们每年到这个时候都下水沐浴，便演变成藏民的一个传统节日。

节日期间，无论城镇、乡村，农区、牧区，藏民携带帐篷和酥油茶、青稞酒、糌粑等食品，来到拉萨河边，来到雅鲁藏布江畔，来到青藏高原千江万湖之旁，然后下水沐浴，把身体洗得干干净净；还把平日盖的藏被、穿的藏服浸入水中刷洗。沐浴、洗刷后，全家老小和亲友们支搭帐篷，点起火炉。老人们围炉喝青稞酒、酥油茶，吃糌粑，快快活活地聊天。青年男女往往在河滩上唱歌、跳舞，直到南边的弃山星（金星）出现了，才尽兴而返。

因西藏地处高原，冬长夏短，春天的水寒冽刺骨；夏天山洪汹涌，水质浑浊；冬季又特别寒冷。只有夏末初秋的沐浴节期间，河水清澄温暖。按佛教教义，初秋之水，一甘、二凉、三软、四轻、五清、六不臭、七饮不损喉、八喝不伤腹，所以沐浴节是很有科学道理的。按藏民的说法，节日期间会出现山鼠星，凡是被山鼠星照到的水，清洁卫生，具有健身防病的功效。

久居西藏的汉族人，也会在沐浴节期间下水游泳，或到河边浆洗衣被。这也从一个侧面说明，各民族之间文化与习俗的互相影响与渗透。

MID-AUTUMN
FESTIVAL

中秋节

▶ ▶ ▶ 中秋节，又名仲秋节、八月节、团圆节。

烧宝塔
吃月饼

八月十五日谓之中秋，民间以月饼相遗，取团圆之义。

　　记得小时候，在古城湘潭过中秋节，有一个烧宝塔的习俗，最让我们开心。当夜幕降临，月光遍地，小伙伴们纷纷来到湘江边，拾来断砖残瓦，堆垒起一座座小宝塔，宝塔中空，可塞入柴草。这种活动，大人也往往兴致勃勃地前来参与。特别是一些老人，还会在宝塔前摆上小供桌，桌上放着月饼、甜藕、菱角、柚子之类的供品，点上香和烛。当所有的宝塔都堆垒好了，有人高喊："点火哟——"于是，大家一齐点燃宝塔中的柴草，红红的火焰升腾起来，火花爆响。不一会儿，一座座宝塔里外烧得通红，好看极了。

　　长大了，我翻阅典籍，才知烧宝塔的习俗不独湘潭有，其他地方亦然。传说这种习俗与反抗元兵的义举有关。元朝确立后，对汉人进行了血腥的统治，于是汉人便进行不屈的反抗，各地相约中秋节起事，在宝塔的顶层点火为号。这种反抗虽被镇压下去，却遗存了烧宝塔这一习俗。

　　在中秋节，月饼是一种不可缺少的食品。"八月十五日谓之中秋，民间以月饼相遗，取团圆之义。"（明·田汝成《西湖游览志余》）同时，民间传说中还有"汉人在八月十五杀鞑子时，是以月饼来传达这个命令的。当汉人吃月饼时，在每个月饼的馅里都有一张纸条，上面写着'八月十五杀鞑子'，因此汉人采取了一致的行动，推翻了鞑子的暴政。"（殷登国《岁时佳节记趣》）这个传说与烧宝塔的传说有异曲同工之妙。

关于中秋节吃月饼还有许多有趣的习俗。

福建晋江地区，称吃月饼为夺"状元饼"。中秋节之夜，人们相聚在一起，取一套大小不一的各色月饼，用红纸写上"状元""榜眼""探花""三会"等名目贴在月饼上，每人用四粒骰子掷入碗中，以四点红为最高，竞夺"状元饼"。夺得者，预示未来前程远大。清人郑大枢曾写下《抢元》一诗："夺彩抢元唱四红，月明如水海天空。野桥歌吹音寥寂，子夜挑灯一枕风。""抢元"者，即抢贴有"状元"的月饼，"唱四红"，即骰子掷出了四点红。

四川成都一带，在中秋节夜家家饮宴，饮至一半，要给孩子分月饼，孩子得了月饼兴高采烈，接着去把点燃的香插在柑子上，然后拿在手里舞动。近代人冯家吉在《锦城竹枝词百咏·舞气柑》中吟道："茶半温时酒半酣，家人夜饮作清谈。儿童月饼才分得，又插香球舞气柑。"

中秋节，又名仲秋节、八月节、团圆节。中秋节夜的月亮最圆最亮，品尝的月饼最圆最甜，这象征着我们的祖国是一个和和睦睦的大家庭，象征着我们的生活是圆满而甜蜜的。正如苏东坡在《水调歌头》中所高唱的名句："但愿人长久，千里共婵娟。"

观潮节

TIDAL BORE
FESTIVAL

CHINESE
OLD
FESTIVAL

▶ ▶ ▶　　八月十八潮，壮观天下无。

八月十八
看潮头

漫漫平沙走白虹，
瑶台失手玉杯空。
晴天摇动清江底，
晚日浮沉急浪中。

相传农历的八月十八为潮神的诞辰日，在这一天，人们以观潮为乐事，江边湖畔，人头攒动。在飒飒的秋风里，惊涛飞涌，潮声动地，蔚为大观。

看潮最好的地方自然是钱塘江，"八月十八潮，壮观天下无"。大潮来时，由远及近，初时但见远处天边一条素练缓缓而来，伴着隆隆的声响，随即素练渐近，霎时间变成了高耸的水墙，像飞腾的银龙、咆哮的群狮直扑海塘，真有雷霆万钧之势。宋代诗人陈师道曾写道："漫漫平沙走白虹，瑶台失手玉杯空。晴天摇动清江底，晚日浮沉急浪中。"苏东坡也写道："欲识潮头高几许，越山浑在浪花中。"

人们不仅可以观潮，还能观看到一些矫健的弄潮儿的精彩表演。宋词人潘阆在《酒泉子·忆余杭》一词中写道："长忆观潮，满郭人争江上望。来疑沧海尽成空，万面鼓声中。弄潮儿向涛头立，手把红旗旗不湿。别来几向梦中看，梦觉尚心寒。"

钱塘江的涌潮如此声势浩大，其实是在特殊的地形条件下发生的特殊现象。杭州湾的喇叭口地形，给涌潮的产生创造了条件。从湾口向西90余公里，海湾的宽度一下子收缩了四分之三，在海宁一带，宽度只有3公里，这样使得来自大海中的潮波能量高度集中；加之海宁至大尖山一带，水下横亘着一条沙坎，水由深变浅，这种地形使得潮波向前倾，波谷变缓，波面陡立，形成了"声驱千骑疾，气卷万山来"的涌潮。

但在民间传说中，这种涌潮却是由潮神所驱使的。这位潮神就是伍子胥。

伍子胥本是吴国的功臣，因触怒了吴王夫差，吴王便下令伍子胥自裁。伍子胥自杀后，吴王把他的尸体用皮革包裹后抛入了钱塘江。伍子胥为了报仇申冤，乘着素车白马，掀起了满江怒潮。至今钱塘江两岸的人民，把这种涌潮称为"伍子胥潮"，并在沿江建了不少伍子胥庙。

还有一种说法，是越国的大臣文种被越王勾践逼得自杀。越王假惺惺地用隆重的葬礼来安排文种的后事，替他修了一座恢宏的坟墓，墓门作鼎足形，直插入三座峰峦的下面。一年之后，伍子胥的神魂从海上归来了，他在山腰上打了一个洞，把文种从坟墓中携带出去，两人都在江海漂浮，一起做了潮神。当江海的浪潮来时，前面汹涌的潮水民间叫它"潘侯"的，那就是伍子胥；紧跟在后面的重叠的小水波，那就是文种。他们两个人生前各为其主，死后竟成同病相怜的朋友，由此表达了人民对忠直者的一种祝愿。

千百年的时光过去了，只有涛声似旧时。

如今每到秋高气爽的八月十八日前后，旅游者成群结队至钱塘江边看潮，从中感受一种博大的阳刚之气，振衣襟而壮心胆，增添几分搏击生活大潮的力量！

重阳节

DOUBLE NINTH
FESTIVAL

▶ ▶ ▶　遥知兄弟登高处，遍插茱萸少一人。

茱
萸
与
菊
花

明年此会知谁
健，醉把茱萸
仔细看。

　　农历的九月九日为重阳节，又称为茱萸节、菊花节、重九节、登高节。如今，又被定为老人节。

　　古代的重阳节，茱萸和菊花这两种花草，被赋予了特殊的意义。

　　茱萸有吴茱萸、食茱萸和山茱萸三种，实可食，茎、叶可入药，有避疫之功效。"舍东种白杨、茱萸三根，增年益寿，除患害也"；"悬茱萸子于屋内，鬼畏不入也"；"井上宜种茱萸，茱萸叶落井中，饮此水者无温病"（北魏·贾思勰《齐民要术》）。汉代的《西京杂记》载："汉武帝宫人贾佩兰九月九日佩茱萸，食蓬饵，饮菊花酒，云令人长寿。"

　　于是，重阳节古人有赏茱萸、采茱萸、佩茱萸和插茱萸的习俗。

　　唐人杜甫在《九日蓝田崔氏庄》中说："明年此会知谁健，醉把茱萸仔细看。"

　　唐人万楚则在《茱萸女》一诗中描写了女子采茱萸的情景："山阴柳家女，九日采茱萸。复得东邻伴，双为陌上姝。插花向高髻，结子置长裙……"

　　所谓佩茱萸，即用绛色的布囊盛茱萸的茎、叶或籽，系在手臂上。所谓插茱萸，即将茱萸插在鬓发上，"九日茱萸熟，插鬓伤早白"（唐·李白《宣州九日闻崔四侍御与宇文太守游敬亭余时登响山不同此赏醉后寄崔侍御》）；"遥知兄弟登高处，遍插茱萸少一人"（唐·王维《九月九日忆山东兄弟》）；"拍手齐唱太平曲，满头争插茱萸花"（明·申时行《吴山行》）。

重阳节前后，也是菊花怒放之时，"岁岁重阳，今又重阳，战地黄花分外香"（毛泽东《采桑子·重阳》）。

菊花，又称为长寿花、延龄客，既赏心悦目，又能治病疗疾，于是赏菊、采菊、食菊、佩菊、饮菊花酒，成为重阳节时人们喜爱的活动。

赏菊："明月相思处，应对菊花丛"（唐·陈子昂《春晦钱陶七于江南同用风字》）；"不是花中偏爱菊，此花开尽更无花"（唐·元稹《菊花》）；"待到重阳日，还来就菊花"（唐·孟浩然《过故人庄》）。

采菊："篱东菊径深，折得自孤吟"（唐·杜牧《折菊》）；"黄金色未足，摘取且尝新"（唐·姚合《咏新菊》）；"采之东篱间，寒香爱盈把"（清·石涛《墨笔柳下陶渊明册页》）。

食菊："采撷盈怀袖，饵服心清凉"（明·刘琏《秋日旅怀七首》）；"餐英能益寿，根下有丹砂"（清·吴昌硕《朱菊》）。

佩菊："尘世难逢开口笑，菊花须插满头归"（唐·杜牧《九日齐山登高》）；"短鬓冷沾三径露，葛巾香染九秋霜"（《红楼梦》）。

饮菊花酒："菊尊开九日，凤历启千秋"（唐·沈亚之《劝政楼下观百官献寿》）；"八十老人勤采啜，定教霜鬓变成鸦"（清·郑板桥《菊石》）；"敬献菊酒，以颂万寿"（潘天寿《菊酒图》题句）。

如今，每到这一天，人们开展登山、赏花、扶助老人等许多有益的活动，使古老的节日增添了新的内容。

芦笙节

LUSHENG FESTIVAL

CHINESE
OLD
FESTIVAL

▶ ▶ ▶ 十三簧，象凤之身也。笙，正月之音。物生，故谓之笙。

笙，律中太簇，孟春之音，正月是万物萌生的时节，故名。

笙与芦笙节

　　笙，是中国的一种古老的乐器，在东汉许慎的《说文解字》中，便有"笙"字，并解释为："十三簧，象凤之身也。笙，正月之音。物生，故谓之笙。"笙是竹制的，由13根簧管（多的有19根管）和一根吹管装在一个锅形座子上组成。笙，律中太簇，孟春之音，正月是万物萌生的时节，故名。这种乐器使用的地区相当广泛，古人的诗词中随处可见"笙歌"的字样。"隐隐笙歌处处随"，"笙歌散尽游人去"（宋·欧阳修《采桑子》）。

　　笙在西南少数民族地区也有很悠远的历史，不过在形制上有所改变。一般由六根竹管组成，每管从外侧开孔，下端安置铜簧，插入一个长形木斗或葫芦中，因而有"芦笙"或"葫芦笙"之谓。它的大小不一，小的仅有几十厘米高，大的长达几米。吹奏时，人们伴随芦笙起舞、打拳，叫做芦笙舞、芦笙拳。芦笙舞大致分为两种形式。一种是舞者围成圆圈，两人吹芦笙领舞，其他人则手拉手，随之翩翩起舞；也有的分为男女两队，男的边吹笙边舞，女的与吹笙者对舞。另一种是大家围成圆圈，以顿足在旁助兴，主要由两个芦笙队轮流做集体或个人表演，边吹芦笙边做快速旋转、矮步、跳跃等动作。

　　这种形制的芦笙，相传是三国时诸葛亮教少数民族制作的，因此又称为

"孔明管"。

每年农历九月二十九日，是贵州黔东南州苗族人民的芦笙节。节日期间，男子穿对襟或右大襟的短衣和长裤，头缠青布巾，腰束大带，手持芦笙、唢呐、铜鼓；姑娘们则穿着绣有各色花纹、图案的衣裙，头缠青帕，腰束绣花彩带，佩戴亮闪闪的银饰，一起走向会场。整个节日要持续两三天。吹芦笙，跳芦笙舞，表演芦笙拳，唱苗歌，个个欢天喜地。

吹芦笙风行于贵州、云南等地，《云南志》中载："南诏少男子弟，暮夜游行闾巷，吹葫芦笙。"公元995年，西南少数民族遣使到中央王朝，他们受到宋太祖的接见，还表演了节目，"一人吹瓢笙……良久，数十辈连袂婉转而舞，以足顿地为节"（《宋史·西南诸夷列传》）。

我曾随作家代表团到访过贵州的遵义、威宁等地，领略了芦笙节的种种风韵，并随大家一起手拉手地围圈跳舞。在热闹的芦笙伴奏下，宽阔的坪地上，人们舞步翩翩，歌声飞扬，给人留下深刻的印象。

腊八节

LABA FESTIVAL

CHINESE
OLD
FESTIVAL

▶ ▶ ▶ 　腊，在远古时代本为一种祭礼名称。

腊月最重大的节
日，是十二月初
八的「腊日」，
又称「腊八节」。

腊日人若狂

农历十二月初八，是我国传统的腊八节。

腊，在远古时代本为一种祭礼名称，夏朝称"清祀"，殷商曰"嘉平"，周朝时才改称为腊。"腊"字是从"猎"字演变而来的，故"腊""猎"相通。因为一岁之终，农作物已收藏完毕，农闲了，人们便到野外猎取禽兽，用来祭祖先、敬百神，以祈福求寿、避灾迎祥，称为"腊祭"。"是月也，大饮烝，天子乃祈来年于天宗。大割祠于公社，及门闾，腊先祖五祀，劳农以休息之。"（《礼记·月令》）。秦统一中国，下令制定历法，将处在冬末春初新旧交替的十二月，名为"腊月"。南北朝时，流传有"腊鼓鸣，春草生"的民谚。

腊月最重大的节日，是十二月初八的"腊日"，又称"腊八节"。从先秦始，都是当作"年节"来看待的，在这一天要祭祀祖先和神灵，祈求丰收和吉祥。

先秦时的腊日风俗相当丰富，"一国之人皆若狂"（《礼记》）。

巧合的是东汉初年，佛教传入我国，十二月初八是佛教创始人释迦牟尼的成道日，因此腊日也是佛教徒的节日，名曰"佛成道节"。又因释迦牟尼修行时，又累又饿而昏倒，受惠于牧羊女的一碗稀粥，故此有喝腊八粥的习俗。尤其是寺院，皆熬粥布施，以飨俗众。

宋人周密在《武林旧事》中记载："八日，则寺院及人家用胡桃、松子、

乳蕈、柿、栗之类为粥，谓之'腊八粥'。"

而明人刘若愚作《明宫史》，亦有关于腊八粥的描述。"初八日，吃腊八粥。先期数日，将红枣捶破泡汤。至初八日早，加粳米、白果、核桃仁、栗子、菱米煮粥，供佛圣前，户牖、园树、井灶之上，各分布之。举家皆吃，或亦互相馈送，夸精美也。"

清代，此习俗仍很受重视，道光皇帝爱新觉罗·旻宁曾有《腊八粥》诗："一阳初复中大吕，谷粟为粥和豆煮。应节献佛矢心虔，默祝金光济众普。盈几馨香细细浮，堆盘果蔬纷纷聚。共尝佳品达妙门，妙门色相传莲炬。童稚饱腹庆升平，还向街头击腊鼓。"

对腊八粥源于佛教之说，也有的持不同看法："入腊赐食，实朝廷典礼之常……与彼释氏何干。"（清光绪时《东光县志》）这种观点也并非妄论。

典籍记载，"腊"是远古的一种祭礼。先民在冬闲时，以农猎收获物献祭所有与农猎有关的神灵，感恩祈福，并举行庆贺活动。古代"腊"字与"猎"字相通，故腊祭即猎祭。腊祭，夏代称"嘉平"，商代叫"清祀"，周代名"大腊"，秦代又曰"嘉平"，到汉时则云"腊"。哪一天为腊日呢？汉朝"冬至后三戌，腊"（《说文解字》）；曹魏以辰日为腊；两晋以丑日为腊（见《玉烛宝典》）。直到南朝时，才把农历十二月称为腊月，初八日定为腊日，即"腊八"。《荆楚岁时记》载，南北朝时，民间于腊八日鸣鼓起舞，民谚云："腊鼓鸣，春草生。"在这个节日里，人们以一些农副产品合煮成粥，表达对一年收成的庆贺，并祭祀各方神灵，因而形成一种习俗，亦是顺理成章之事。

腊八粥缘于佛教也罢，缘于民间习俗也罢，到了后来，生发的是一年农事结束、春节渐近的喜悦心情，还有一种迎接来年好收成的美好祝愿。其次，从养生学的观点来看，冬寒食粥，再加上各种米、果的掺和，有大补之效。

除

NEW
YEAR'S EVE

CHINESE
OLD
FESTIVAL

夕

▶ ▶ ▶　　阶馥舒梅素，盘花卷烛红。共欢新故岁，迎送一宵中。

欢欢喜喜
除夕夜

之所以要守岁，是因传说中「年」是一头怪兽，在一岁之末将出来伤及人畜，必须加以防卫。

农历一年的最后一天，谓之除夕，一般在腊月三十。

在我儿时的印象中，除夕夜是最有趣味的。一家人在华灯初上时，围坐一桌，吃丰盛的团年饭。饭后，堂屋里燃起一大盆木炭火，我们和父母一起守岁。桌子上摆着热茶、酒，还有各种各样的点心、水果。快子夜时，父母发给我们一个一个的红包，里面装的是压岁钱。在几十年前，家里既没有电视机，也没有收音机，父亲便娓娓动听地给我们讲古往今来的传说故事。到了零时，我们随父母到门外去放鞭炮，然后返回家中，关上大门，这叫"关财门"。到天明时，我们又一起去打开大门，名曰"开财门"，燃放一串长长的爆竹，新的一年也就拉开了序幕。

之所以要守岁，是因传说中"年"是一头怪兽，在一岁之末将出来伤及人畜，必须加以防卫。但以后守岁有了新的含义，在年长的人看来是"辞旧节"，有珍惜光阴的意思；年轻人陪着守岁，有为父母延寿的意思。

我离开湘潭老家外出工作近四十年，无论如何，每年都准时赶回去陪长辈守岁。父亲于十多年前鹤归道山，母亲如今七十有七，除夕夜，她老人家仍按例给我们压岁钱。

在古代的除夕夜，宫廷内照例由皇帝赐宴守岁，一起辞旧迎新。唐太宗在《守岁》诗中吟道："暮景斜芳殿，年华丽绮宫。寒辞去冬雪，暖带入春风。阶馥舒梅素，盘花卷烛红。共欢新故岁，迎送一宵中。"

对于除夕夜不能归家、客居在外的人，那一份惆怅是刻骨铭心的："旅馆寒灯独不眠，客心何事转凄然。故乡今夜思千里，霜鬓明朝又一年"（唐·高适《除夜作》）；"家寄关西住，身为河北游。萧条岁除夜，旅泊在洺州"（唐·白居易《除夜宿洺州》）。

文人墨客则喜在除夕夜饮酒作诗，以作守岁之娱。"知公得韵便传笺，倚马才高不让先。今日教公输一着，新诗和到是明年"（清·袁枚《除夕赠诗》）；"发短愁催白，颜衰酒借红。我歌君起舞，潦倒略相同"（宋·陈师道《除夜对酒赠少章》）。

今天，物质的高度丰富，精神的多向满足，除夕夜已经变得异彩纷呈，到处充满祥和吉庆的气氛。